究極の億トレ投資法

完全版

高沢健太
Kenta Takazawa

Clover
クローバー出版

本書はＷＥＢ、セミナー会場等で配布、ならびに販売された「億トレ〝高沢健太〟の最強株式投資」を新装させた書店刊行版です。

究極の
億トレ投資法
完全版

今日から始めて、来年１億円！

はじめに

本書を手に取っていただきありがとうございます！　億トレーダーの高沢健太です。
突然ですが皆さんにはっきりお伝えしておきたいことがあります。それは、
・株式投資には「お金を失うリスク」がある
ということです。

本書を手に取る皆さんの中には、株に興味があってこれから始めようと考えている人、始めたばかりで「もっと株投資が上手くなりたい！」と考えている人などそれぞれだと思います。

そうした皆さんが手に取る、初心者向けの書籍などを見ると、「株投資は怖くない！」「初心者でもできる」といったワードが並んでいます。

一見、こうした単語を耳にすると「株投資って難しくないんだ。初心者でも簡単にできるかも」と考えてしまいがちです。

ただ、これまで株式投資において一通り失敗した経験をもつ私からすると、「正しい手順を踏んで学ばなければ、必ず手痛い失敗をする」と断言できるのです。


というのも幸いなことに、現在、私は個人投資家兼ミリオネア投資家クラブの先生という立場で活動させてもらっているのですが、正直なところ、ここまでの道のりは一筋縄ではいきませんでした。

株投資のスタート時点で多額の借金もありましたし、街金で借りた種銭100万円でスタートしたものの、すぐに24万円を溶かすといったこともやらかしています。

また、ある程度トレードが軌道に乗ってからも、比較的リスクの高いトレードに手を出したこともありますし、客観的に見て、一歩間違えていれば元の借金生活に戻っていた可能性もあります。

それでも相場で生き残ってこられたのは、独学で勝てる手法を研究し、何度も失敗して資金を減らしながら自分の手法を磨く、という過程を経験したからこそです。

ただ、振り返ると非効率な失敗もしていますし、これから株投資を始める皆さんにはそうした失敗をしてもらいたくありません。

だからこそ自己資金を使ったトレードを行う前に「練習」が必要で、手法を身につけるだけではなく、それを上手く使えるようになってから本番に移ってほしいのです。

例えば、自転車でも、本で学んだり人に教えてもらうことで「乗り方」は理解できます。

ただ、頭でわかっていても、補助なしにいきなり上手に乗りこなせる人は、ほとんどいません。

まずは補助輪を付けて乗り方を体に覚えさせてから、補助輪を取る。これが一般的な流れです。

これはトレードも全く同じで、手法を理解したら次のステップとして、本番に移る前の練習を行うべきなのです。練習をせずに、リアルトレードを行うと大怪我をしてしまう可能性があることはわかりますよね？　そのような大怪我をしないように、デモトレードを行いながら練習を行い、株式投資に慣れることが必要です。

だからこそ、トレードを上達させるために「手法を練習できる環境」が必要になってくるのです。そこで、あなたの大切なお金を失わないように、開発費数百万円をかけて作成した、株式投資のシミュレーションツール（値幅トレーニングツール）を紹介します。いわゆる、デモトレードを行うことができるツールです。

本書を読み進める前に、このページに掲載したＱＲコードから「値幅トレーニングツール」を最初に受け取ってから、本書を読み進めてください。

ＱＲコードを読み取るとＬＩＮＥが立ち上がるので、友達登録をして〝トレーニング〟とメッセージを送ってもらえば「値幅トレーニングツール」にアクセスできるようになります。

値幅トレーニングツールの使い方については、第5章で詳しく解説しているので、気になる方は先にそちらから読み進めていただいても構いません。

また、値幅トレーニングツールを受け取ってくれた方限定で、ボリンジャーバンド、ＲＣＩといった高沢式トレード手法で使用するテクニカル指標のパラメーターも公開しています。

是非この機会に「値幅トレーニングツール」と「各テクニカルのパラメーター」を受け取ってから本書を読み進めてください。

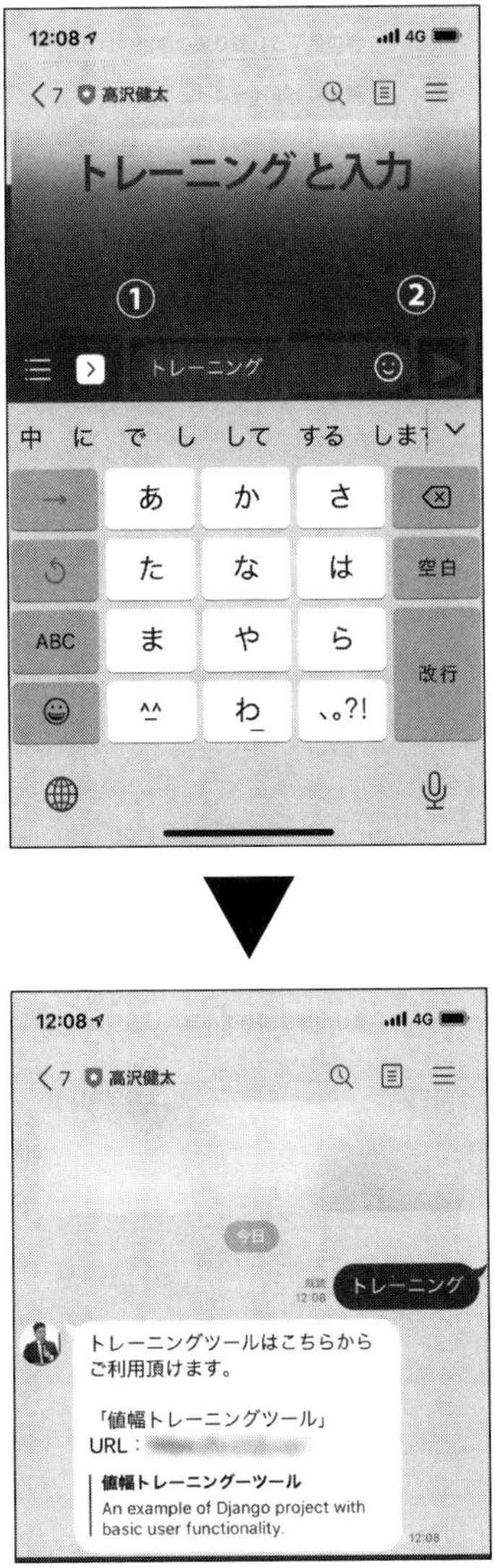

第1章 高沢健太のプロフィール紹介

すべては自分で掴みにいくことから始まる

ちょうど3年前、私は東京都内の六本木から、青山方面に向かう歩道をくたびれたスーツを着て歩いていました。というのも、それまで乗っていた日比谷線から半蔵門線に乗り換える必要があったのですが、目的とする駅は距離が離れていたため、その

2路線を繋ぐ大江戸線に乗り継ぐという選択肢もありましたが、200円ばかりの乗車券が必要なのでそれを節約しようとしていたのです。

もちろん、その時、お金の余裕があれば1キロ近くある道のりを歩くより、そのまま大江戸線を使って乗り継いだり、タクシーを使って移動していましたが、**当時の私にとっては、たかだか200円程度の金額でも失いたくないお金**だったのです。

数年前まで私は本当に貧乏で、借金を抱えながら暮らしていたため、こうしたエピソードは他にも山ほどありますし、一度は自殺を考えたほど人生に悩んでいました。

それが今では保有資産は億の大台に達し、それによって青山にあるマンションに住むことができるようになりました。

また、昔から憧れていたスポーツカーに乗りたいという長年の夢も、フェラーリ、ランボルギーニ、メルセデス・ベンツの3台を保有することで達成することができましたし、当時歩いていた道を愛車でドライブできる生活に変わりました。ただ、車の所有については車そのものが金融資産としての側面もあるので、趣味と実益を兼ねています。

たった２００円を気にする生活から資産が億を突破する、自分でも客観的に見ると大きな変化だと思いますが、数年前と現在とで私の本質の部分は何も変わっていません。ただ、**事前にしっかりと準備をし、自分からチャンスを掴みにいく**ことで状況を変えることができたのです。そのきっかけになったのが**株式投資に出会ったこと**です。

知識が全くゼロの素人が1年半で100万円から1億に資産を増やした

株式投資を始めた理由はいくつかありますが、一つ目は息子の受験でした。当時私の頭の中では進学先の選択肢として公立高校しか頭にありませんでしたが、状況が変わり私立高校に行きたいという話になったのです。ただ、当時は借金を抱えていましたし、今の経済状況では息子を私立高校に行かせるのは厳しいため「なんとかお金を作らなくては」という思いがありました。

当時の私は保険会社に勤める一般的なサラリーマンでしたので、急に大金を用意することはできません。それ以上に、過去に詐欺にあってできた借金を抱えていたので、その返済のために副業として新聞配達や夜間のアルバイトをしていた時期もありましたが、本業との掛け持ちは肉体的にも辛く、思ったように稼げませんでした。

そのため別の方法を色々と探す中で、インターネットを使ったビジネスがいいのではないかと考えるようになりました。色々と試した結果、２０１６年当時はアベノミクスの勢いがあり、株で儲けている人がたくさんいた時期でしたし、たまたま機会があって参加したセミナーの話を聞いて、株式投資なら自分でも稼げるようになるのではないかと思い、やってみることにしたのです。

しかし、そうはいっても当時の私は株式投資の知識は全くなく、証券口座について人に聞かれても何のことかわからずに「銀行口座のことですか？」と返すようなところからスタートしました。そしてほぼ素人の状態から株式投資の世界へと足を踏み入れ、今日までたどり着くことができました。このことからもわかるように、失敗も数多くしてきましたし、私は特別な人間ではなく、ごく普通の人間です。

でもそんな人間が株式投資の世界で資産を大きく増やし、人生を変えることができたのは、株式投資における「ある法則」を見つけ、それを深く追求したからです。

元々、学生時代から国語よりも数学が得意だったということもあり、株式投資にも円周率のような法則性があるのではないかと考えるようになりました。そうして色々な銘柄を研究していった結果、一見ランダムに見える株価の動きに法則性を見つけることができたのです。

その法則を元にトレードを続けていった結果、**２０１６年10月に１００万円の資金でトレードを始めてからわずか１年半で利益が１億円を超え、その後も現在まで順調に資産を増やし続けています**。世間的にも資産が億の大台に乗るということは、株のトレーダーとして一つの目標だと思いますし、それに伴い生活も大きく変化し「金銭が原因で○○ができない」ということはほとんどなくなりました。

ただ、40代前半でこれが達成できたということは、一般的には「成功した」といわれるかもしれませんが、それは棺桶に入るまでわかりません。だから常に努力を続けていき、一人のトレーダーとしても人間としても成長し続けたいと思っています。そうしたなかで、これまで培ってきた私のトレード技術を一人でも多くの人にお伝えすることで、人の役に立ちたいという思いが強くなりました。

そうした理由もあり、２０１８年８月から「ミリオネア投資家クラブ」という株式投資について教えるスクールを主催する機会を得て、**現在までに計１５００人の生徒**

さんの資産形成のお手伝いをすることができ、7割以上の生徒が株取引で利益を出せるようになっています。

億トレーダーの仲間入りをしたことで周りの環境も大きく変わりましたし、わずか3年という短期間で私の人生は180度変化しました。

また、その他の活動として、私の手法をお伝えした書籍『値幅名人　高沢健太の億トレ投資法』を出版し10万部のヒットに恵まれましたし、イベントへの招待を受けたり、講演会・セミナーでの登壇の機会をいただくようになりました。今では告知すると、ありがた

セミナーの様子

いことに瞬く間に1000人の枠が埋まってしまうほどの盛況となっています。

どうしても日程が合わずに来られない方や、セミナー申し込みが間に合わなかった方のために、収録版の映像をお届けしていますが、これからは、より一人でも多くの方の前でお話させていただけるようにしたいと考えています。

パンローリング社主催の投資イベントで600人の前でセミナー

1000人セミナーに登壇

億トレになるために必要なのは「イメージすること」

ただ、不思議なことに、今の私のこの状況は**株式投資を始めた2016年当時に思い描いた通りにしかなっていません。**

POINT

- ●億トレーダーの仲間入りをすること
- ●スーパーカーに乗るという長年の夢を叶えたこと
- ●活気あるスクールの講師として、常にたくさんの人に囲まれていること
- ●自分のトレード手法が本として出版されること

まさにこれらは約3年の間で起こったことですが、普通だったらこんなに上手くいくわけがありません。でも、私が実際にそうなれたのは**「すべてイメージしていたから」**なのです。

少し話がそれますが、先ほどから私が「億トレーダー」という言葉を何度も使っているのは、これから株の勉強を始める皆さんに**指標になるもの**が必要だと思っているからです。サッカーであればワールドカップ、野球であればメジャーリーグなど、どんなスポーツにも目指すものがありますし、それが私にとっての「億トレ」という言葉だったのです。

資産の大きな目標を1億の大台に設定しそれが達成できたとき、自分の生活がどのように変化しているかを強くイメージしてみる。それを、株を始めた当初からずっと続けてきたのです。

先ほど株式投資の初期資金は100万円だったと書きましたが、当時は借金を抱えて常にお金がない状態でしたし、投資に使えるお金はどこにもなかったので、追加で借金をし、何とか投資資金の100万円を用意したのです。借金に借金を重ねているので、今から考えてもリスクしかない状態で、株式投資でまさに一発逆転を狙った大勝負を仕掛けようとしました。

でも、そんな状況にもかかわらず、**私は自分が億トレになる未来を全く疑いませんでした**。毎日鏡に向かって「俺は絶対できる」と言い聞かせたり、億トレになったらこんなスポーツカーを買って、港区の高級マンションに住んでいる、このような生活をしているというところまでイメージし、失敗の可能性については微塵も考えず、むしろ「できて当たり前」というところまでセルフイメージをもっていったのです。

結果的にすべてイメージ通りになっていますが、逆に考えると、借金を抱えているという状況に気持ちが囚われて、大きな目標を億トレとせず「とりあえず貧乏から脱出して借金を返すことができればいいや」と考えていたら、間違いなくトレードでここまで資産を増やすことはできていません。

こうした背景があるので、資産が億に届いたときも大きな喜びや達成感はそんなにありませんでした。むしろ「やっと達成できたか」というような気持ちが強かったのを覚えています。

つまり、前提として**「億トレ」という大きな目標を掲げ、それを達成できると疑わなかった**のです。だからこそ、借金を抱えてリスクを取っているような状況でも自分のやるべきことはブレませんでしたし、自分の見つけた法則を信じて相場に向き合うことができたのです。

私はよく生徒に、目標を聞くのですが、中には「自分は億トレなんて…」と謙遜する方がいます。なぜそのような発言になるのかというと、それは**周りを見てしまっているから**です。「大きな目標を言うのは恥ずかしい」とか「達成できなかったらどうしよう……」と考えてしまうからこそ、そのように言うのだと思いますが、本当に億トレになるためにはそうした考えを持つ必要は一切ありません。**「自分はできて当然」**とイメージできた今この時点から、あなたの億トレとしての道のりは始まっていると断言できます。

1500人の生徒に教えてきたことで「勝てる生徒に共通する法則」がわかった

そうやって、私は現在、株のトレードで利益を出し、その資産で生活する**「専業トレーダー」**と、トレーディングで培ってきた技術やお金についての知識など皆さんの資産形成に役立つ情報を教える**「講師」**という二つの立場で活動しています。

実はこの「教える」という活動が、株式投資を始めたことに次いで、私の人生を大きく変化させるきっかけになりました。というのも、人に何かを教えるということは、それまで自分の中だけで理解していたものを、自分以外の人間が一からわかるように説明しなければいけません。当然、人によって前提となる知識や理解度が異なりますし、私がそうであったように「月足」を「げっそく」と読むような全く知識のない人でも、私の投資手法を理解してもらえるように、セミナーでお話する内容や解説動画などもかなり工夫をしました。

その甲斐あってか、全くの素人からトレードを始めた人でも、**わずか3カ月で勝てるようになった**という声も数多く聞くようになりました。

また、こうした人前でアウトプットする経験は、自分のトレード手法をより深く理解するきっかけにもなりましたし、それによってさらに厳密に負けを減らし、勝ちを大きくすることができるようになりました。セミナーは毎回生徒と顔を直接突き合わせながら講義を行う場所ですし、いくら自分の中でわかりやすいと思って説明していても、生徒それぞれの顔を見ていると、自分の説明のどの部分は理解してもらえて、どこがダメだったのかがすぐに伝わります。そうした経験を繰り返すことで、**トレー**

ド以外の部分、私自身の教える技術も洗練されていきました。

いわば「アウトプットしてフィードバックをもらい、それを踏まえてまたアウトプットする」の繰り返しなので、こうした経験を経て、どうしたら生徒により効率的に私の手法を理解してもらい、成果を出せるように教えることができるのかを考え続けた結果、**「勝てる生徒に共通する法則」**を見つけたのです。

本書ではその成果の集大成として、まず始めに株式投資で勝つために私が独自に見つけた法則をもとに、戦略やルールの作り方を解説していきます。その**黄金の方程式**が理解できたら、再現性の高い勉強方法などミリオネア投資家クラブで勝てている生徒に共通する法則を特別に公開しています。

手法自体はとてもシンプルなものですし、この本を読むだけですぐにトレードに取り入れられるものなので、是非参考にしてみてください。

勝てる7割と負ける3割の違いは単純に「やるかやらないか」

また、本書の後半では、実際にトレードで勝てるようになった生徒に直接取材し、実績やなぜそうなれたのかの理由を聞いてきました。

クラブに通い始めたきっかけも各人で異なりますし、中にはまだ少ししか利益を出せていない人もいますが、それでも計10名それぞれが**株式投資を学んだことがきっかけで、人生が好転している**ということは間違いありません。

ただ、先ほどお伝えしたように、今回取材に応じてくれた生徒も含め、過去1年間で1500人を教えてきた実績のなかで、7割の生徒さんが私の教えた手法を使って勝てるようになりましたし、この数字自体は他のスクールなどと比較すると自信を

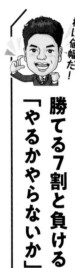

持って高いと断言できますが、それでも3割は勝つことができずに途中で諦めてしまいます。

これは私自身の責任でもあり非常に悔やまれますし、今後クラブの内容をより良くしていくことで改善していきたいと常に考えていることではあるのですが、ただ、なぜその差が生まれるのかという点については理由がはっきりしていて、単純に**「教えたことをやっているか、やっていないか」**の違いです。

例えば、リアルセミナーを録画したものや私の手法を解説する動画があるのですが、この動画を繰り返し見続けることでトレードそのものや、使っている手法に対する知識は間違いなく深まります。

特に私の使っている手法は非常にシンプルですし、勘のいい方ならすぐに理解できる内容になっています。**実際に動画を繰り返し見たことで、わずか1カ月で勝てるようになった生徒もいます**。

また、生徒の間で見ることができる映像や参加できるセミナーに違いはありませんし、凡人の私でも億を稼ぐことができた実績と、その手法を学んだ生徒が勝てるようになった実績がどちらもあるからこそ、動画を見て学ぶことの重要性をセミナーでも再三お伝えしているのですが、そうした環境の中で「勝てる7割」と「負ける3割」が出るのは、残念ながら単に**「教わったことをやっていない」**というだけなのです。

億トレまでは簡単！ 才能やセンスが必要になるのはその先だ！

逆に考えると、やるべきことをしっかりとやっていれば、勝てる7割に入ることは難しくないと断言することができます。

その延長線上で、私はよく生徒に**「億トレまでは簡単」**とお話ししているのですが、これは虚勢などでは全くなく、私自身の経験から**資産が億を超えるまでは方法論が重**

要だと考えているからこそ、**センスや才能は全く関係がない**のです。

ただ、資産が億を超えてくると、一度のトレードで平均的なサラリーマンの月収程度の額が当たり前のように増減しますし、一度の失敗でサラリーマンの年収以上を失う可能性もあります。そういった意味でそれまで必要とされてきた「増やす能力」に加えて「維持することや減らさない努力」が必要になってきます。

そこから先に資金を増やしていけるかどうかは、それまで培ってきたスキルにプラスαの要素が必要になったり、自分の資金をリスクにさらすことを許容できる「お金の器」が必要になってくるので、**その意味でセンスや才能が必要になってくる**と考えています。

しかし、私自身がそうだったように、**シンプルな手法をマスターし、それがトレードで実践できていれば自然に資金は増えていきます**。

それがわかっているからこそ、億トレまでの道のりには明確な方法論が必要ですし、一人でも多くの人に私の手法を知ってほしいというのが本書を執筆するきっかけになったのです。

第1章
第2章
第3章
第4章
第5章
第6章

章のまとめ

●株式投資と出会い、自分でチャンスを掴みにいった
●「ある法則」と出会い、それを深く追求したことでわずか1年半で資産が億を突破した
●大きな目標を立て、それを疑わないことが億トレの第一歩
●たくさんの生徒に教えてきたことで「勝てる生徒に共通する法則」がわかった
●シンプルな手法をマスターし、それを実践すれば自然に勝てるようになる

第2章 高沢健太の投資実績紹介

こうして1年半で億トレになった

ここまで投資家として稼げるようになった経緯と、そのことがきっかけで今どのような思いでいるのかということをお伝えしてきました。

ただ、ここまで読んできた皆さんの中には「本当にこの人、儲かっているの?」と考えている人もいるのではないでしょうか。確かに、世の中には書き手に投資の実績がないのに株式投資のトレード手法を解説した本は山ほどありますし、メディアなどで「○○円稼ぎました」と取り上げられたといっても、本当にその人が実績を出しているかどうかは口座履歴を見ないとわかりません。

そこで、私がそういった人たちと違うということを証明するために、実績として、**株式投資を始めてから、資産1億超えを達成するまでの道のりを、部分的にですが、当時の口座履歴とともに以下に掲載します。**

トレード実績の推移

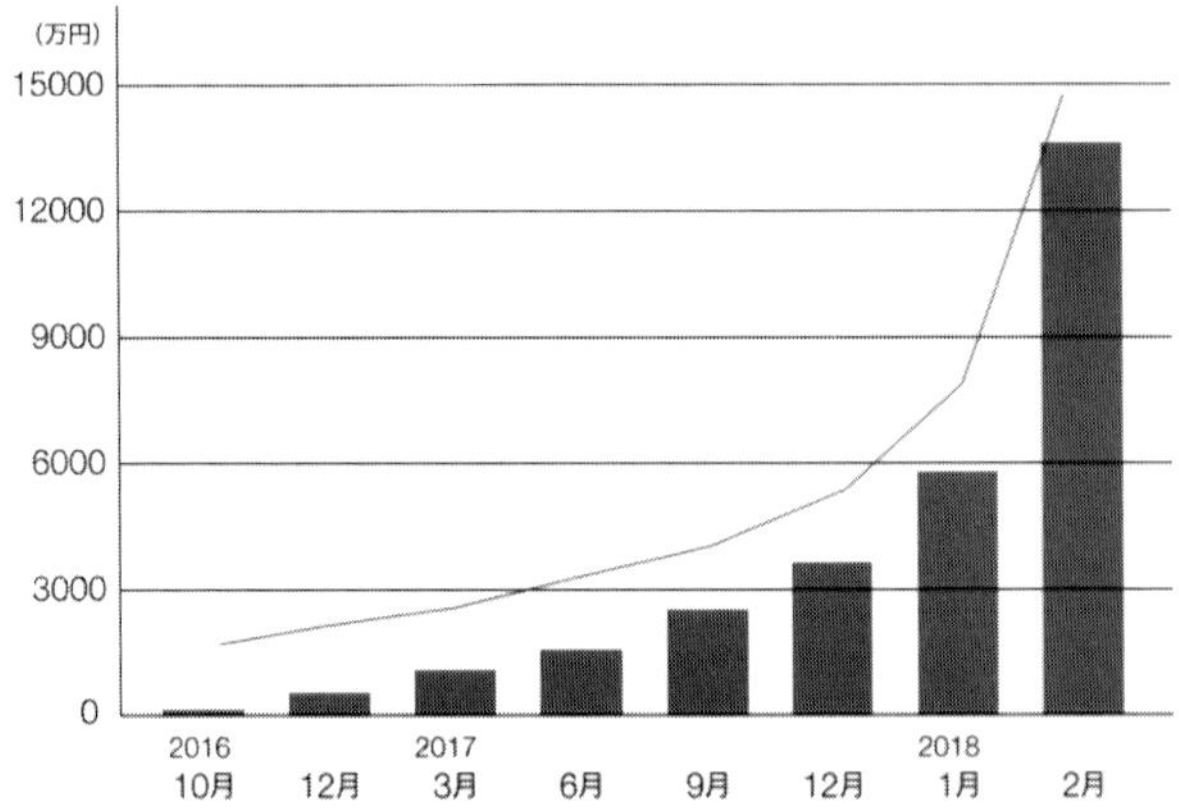

2016年10月	当時の初期資金は100万円
2016年12月	500万円突破
2017年3月	1000万円突破
2017年6月	1500万円突破
2017年9月	2400万円突破
2017年12月	3500万円突破
2018年1月	5800万円突破
2018年2月	1億3000万円突破

実現損益
3,542,687円

実現損益
1,533,578円

実現損益
5,891,832円

実現損益
112,925,657円

次の画面は２０１８年３月30日のものです。**１月４日から３月30日までの実現損益合計は１億３９２４万４８０２円**です。この画面からも１億円を超えるに至ったことがわかります。

ただ、ここまでの実績では、「それ以降はどうだろう」という疑問が浮かぶ人もいるかと思います。そこで、２０１９年以降に出した実績の一部を以下で公開します。

2018年1月4日～3月30日までの実現損益1億3924万4802円

3カ月間「損切ゼロチャレンジ」で109勝0敗を達成!

2019年1月当時、どうすれば私のトレード手法が勝率の高いものであるのかを理解してもらえるのだろうと考えたときに思いついたのが**「損切ゼロチャレンジ」**で、私は新年最初のセミナーで1月から3月まで専用の口座で勝率100%のトレードをするという**「損切りゼロ宣言」**をしました。

正直、自分でも少しハードルを上げすぎたかなとは思いましたが、実際に手法通りにチャートに向き合い、より勝率の高いポイントで売買を行うことで、**1月4日から3月31日までの3カ月間、計109回のトレードを行った結果、約142万円の利益を出すことができました**。

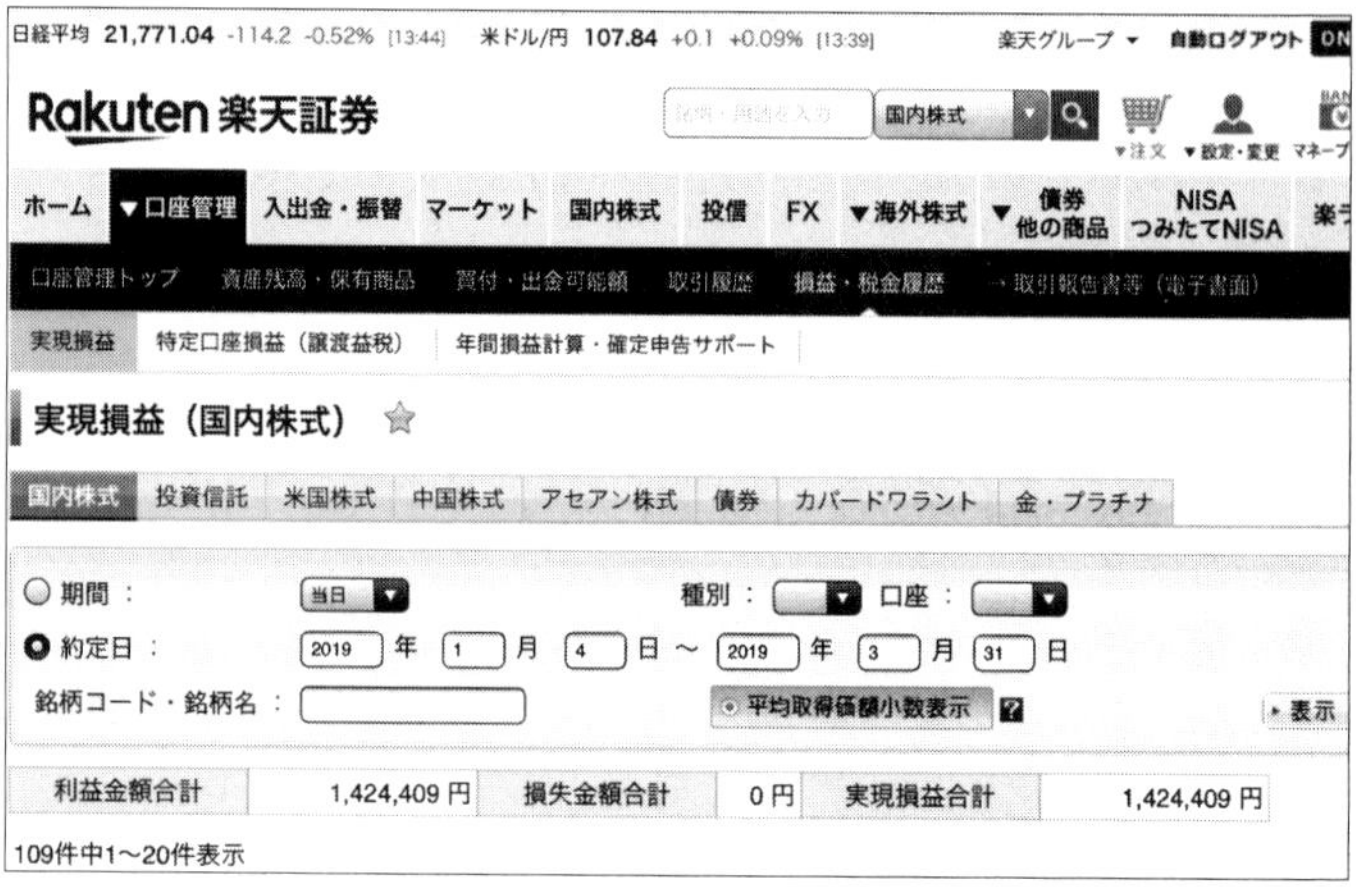
日経平均 21,771.04 -114.2 -0.52% [13:44] 米ドル/円 107.84 +0.1 +0.09% [13:39]
楽天グループ 自動ログアウト
Rakuten 楽天証券
国内株式
注文 設定・変更
ホーム 口座管理 入出金・振替 マーケット 国内株式 投信 FX 海外株式 債券 他の商品 NISA つみたてNISA
口座管理トップ 資産残高・保有商品 買付・出金可能額 取引履歴 損益・税金履歴 取引報告書等（電子書面）
実現損益 特定口座損益（譲渡益税） 年間損益計算・確定申告サポート
実現損益（国内株式）
国内株式 投資信託 米国株式 中国株式 アセアン株式 債券 カバードワラント 金・プラチナ
期間： 当日 種別： 口座：
約定日： 2019 年 1 月 4 日 ～ 2019 年 3 月 31 日
銘柄コード・銘柄名：
平均取得価額小数表示
表示
利益金額合計 1,424,409 円 損失金額合計 0 円 実現損益合計 1,424,409 円
109件中1～20件表示

損切ゼロチャレンジ

「1000万円チャレンジ」口座資金が1カ月で40%増加！

また、５月には運用する資金を限定させた「1000万円チャレンジ」にも挑戦しています。というのも、私が普段のトレードをする際に使っている手法は、本書でお伝えするものと何ら変わりはありませんし、億を超える資金を運用するようになっても特別なことはやっていません。

ただ同じ期間で、例えば資金１０００万円の人が50万円の利益を出すのと、資金１億円の人が50万円の利益を出すのとでは、取るリスクが全く異なります。そういった見方からすると「高沢が利益を出せているのは、単に運用している資金が大きいからなのでは」という疑問が出るのも理解できます。

その疑問を解消し、**運用する資金を少なくしても、高沢式トレード手法を使えば確実に利益を出すことができる**ということを証明するために、専用口座に１０００万円だけ残し、それを１カ月間運用してどれだけ利益を出せるかという１０００万円チャレンジを行うことにしたのです。結果的に、**５月１日から５月31日までで４２０万円の利益を出しています。**

ついでに注目していただきたいのが損失金額で、期間中に出した利益の総額は約４６３万円でしたが、それに比べて損失は約43万円とかなり小さいのがわかります。後で説明しますが、私の手法は**大きく勝つことよりも負けないことを重視**していますし、実際

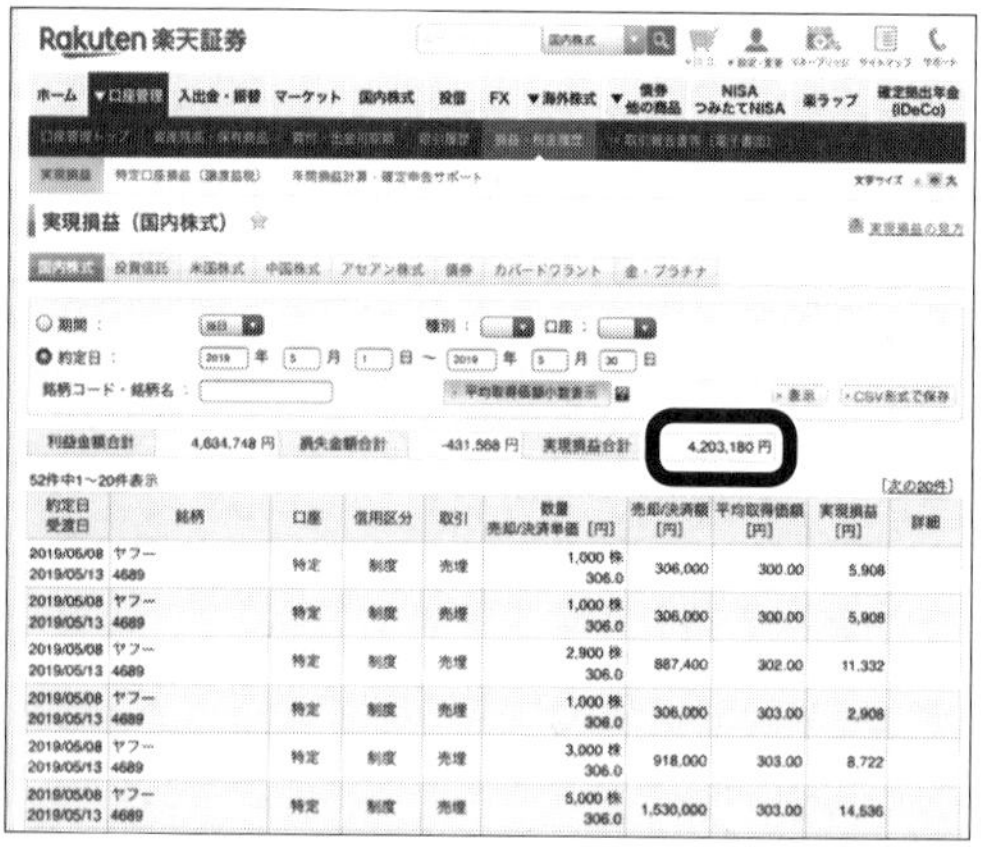

利益金額合計	4,634,748 円	損失金額合計	-431,568 円	実現損益合計	4,203,180 円

52件中1～20件表示　［次の20件］

約定日 受渡日	銘柄	口座	信用区分	取引	数量 売却/決済単価［円］	売却/決済額［円］	平均取得価額［円］	実現損益［円］	詳細
2019/05/08 2019/05/13	ヤフー 4689	特定	制度	売埋	1,000 株 306.0	306,000	300.00	5,908	
2019/05/08 2019/05/13	ヤフー 4689	特定	制度	売埋	1,000 株 306.0	306,000	300.00	5,908	
2019/05/08 2019/05/13	ヤフー 4689	特定	制度	売埋	2,900 株 306.0	887,400	302.00	11,332	
2019/05/08 2019/05/13	ヤフー 4689	特定	制度	売埋	1,000 株 306.0	306,000	303.00	2,908	
2019/05/08 2019/05/13	ヤフー 4689	特定	制度	売埋	3,000 株 306.0	918,000	303.00	8,722	
2019/05/08 2019/05/13	ヤフー 4689	特定	制度	売埋	5,000 株 306.0	1,530,000	303.00	14,536	

1000万円チャレンジ

にそれが損失額の小ささに現れているという証明にもなっています。

「３００万円チャレンジ」実現損益１０３万円を達成！

５月と同様に、６月も資金を限定してそれを１カ月間でどれだけ増やせるかというチャレンジをしました。前回は１０００万円でしたが、「さあ投資を始めよう」と思っていきなり１０００万円を用意できる人は稀だと思いますし、資金３００万円からスタートする「３００万円チャレンジ」をやることにしたのです※。

その結果が以下のキャプチャで、**実現損益が約１０３万円と１カ月間で３０％以上**増やすことができましたし、十分な利回りだと思います。

ただ、もしかすると「意外とそれぐらいの金額か。２倍や３倍にはならないんだな」

と思う人がいるかもしれませんが、よく考えてみると、**月に30％の利回りをコンスタントに出せるようになり、月々の利益を運用資金に再投資していけば「複利」が使えるため資金は飛躍的に伸びていきます。**

仮に300万円の資金がある人が、月に30％の利回りを出すことができれば**1年と1カ月で資産が億を超える**のです（興味がある人は複利の計算サイトで調べてみてください）。

先ほどのように考えると、一カ月の間で2倍3倍と利益を出すようなトレードはその分、損失するリスクを抱えているので、次の月に資金が1／3になったりする可能性も高くなります。その意味で目先の大きな利益を追うよりも、**数年先**

※ミリオネア投資家クラブでは、推奨資金を30万円～とさせていただいているため、必ずしも300万円が必要になるわけではありません

約定日 受渡日	銘柄	口座	信用区分	取引	数量 売却/決済単価［円］	売却/決済額［円］	平均取得価額［円］	実現損益［円］	詳細
2019/06/25 2019/06/28	コスモ・バイオ 3386	特定	制度	買埋	700 株 1,115.0	780,500	1,130.00	10,477	
2019/06/25 2019/06/28	コスモ・バイオ 3386	特定	制度	売埋	100 株 1,106.0	110,600	1,088.00	1,792	
2019/06/25 2019/06/28	コスモ・バイオ 3386	特定	制度	売埋	100 株 1,106.0	110,600	1,090.00	1,592	
2019/06/25 2019/06/28	コスモ・バイオ 3386	特定	制度	売埋	100 株 1,106.0	110,600	1,095.00	1,092	
2019/06/25 2019/06/28	コスモ・バイオ 3386	特定	制度	売埋	100 株 1,106.0	110,600	1,105.00	92	
2019/06/25 2019/06/28	ソフトバンクグループ 9984	特定	制度	買埋	100 株 5,147.0	514,700	5,150.00	254	
2019/06/25 2019/06/28	ソフトバンクグループ 9984	特定	制度	買埋	100 株 5,147.0	514,700	5,158.00	1,054	
2019/06/25 2019/06/28	ソフトバンクグループ 9984	特定	制度	買埋	100 株 5,147.0	514,700	5,158.00	1,054	

300万円チャレンジ

を見据えてコンスタントに利益を重ねていけるようなトレード手法を身につけるべきなのです。

直近の運用事例を一部紹介

先ほどまでのキャプチャは、生徒に向けて企画として行ったトレードですが、もちろんそれと並行して自分の資産状況にあった額を運用して利益を出しています。

8月下旬から9月の頭にかけての運用実績を載せておきます。これらの実績から、私が普段どのような成果を出しているのか想像してもらえればと思います。基本的には1億円を運用資金としています。

8月

20日（火）
利益
1,248,655円

22日（木）
利益
1,334,861円

23日（金）
利益
708,299円

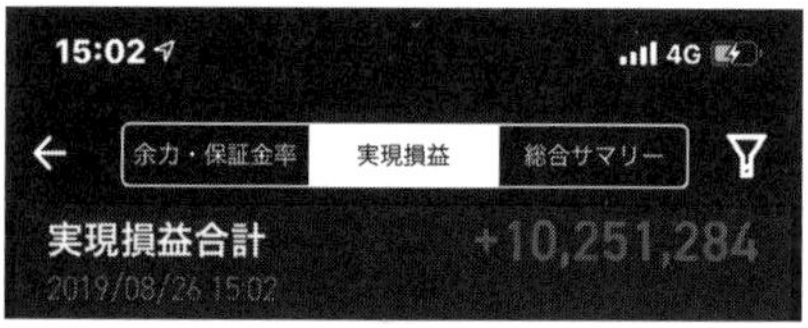

26日（月）
利益
10,251,284円

27日（火）
利益
2,068,569円

28日（水）
利益
1,802,117円

29日（木）
利益
2,304,463円

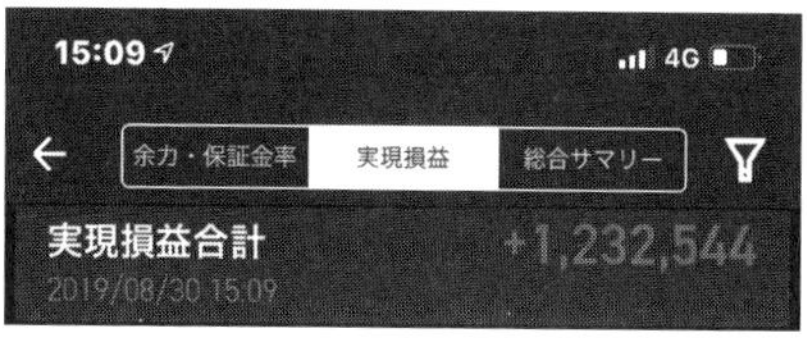

30日（金）
利益
1,232,544円

9月

3日（火）
利益
2,504,528円

4日（水）
利益
994,503円

生徒さんの結果 島田さんの実績：2120万円

ここまで私の取引実績を掲載してきましたが「じゃあ生徒はどうなの？」という疑問もあると思いますので、生徒の一人、島田さんにお願いして取引実績を公開してもらうことができました。

取引銘柄が少し隠れていますが、島田さんも私が普段よくトレードしているソフトバンクグループを得意としており、**一つの銘柄だけで2120万円**もの利益を出しています。

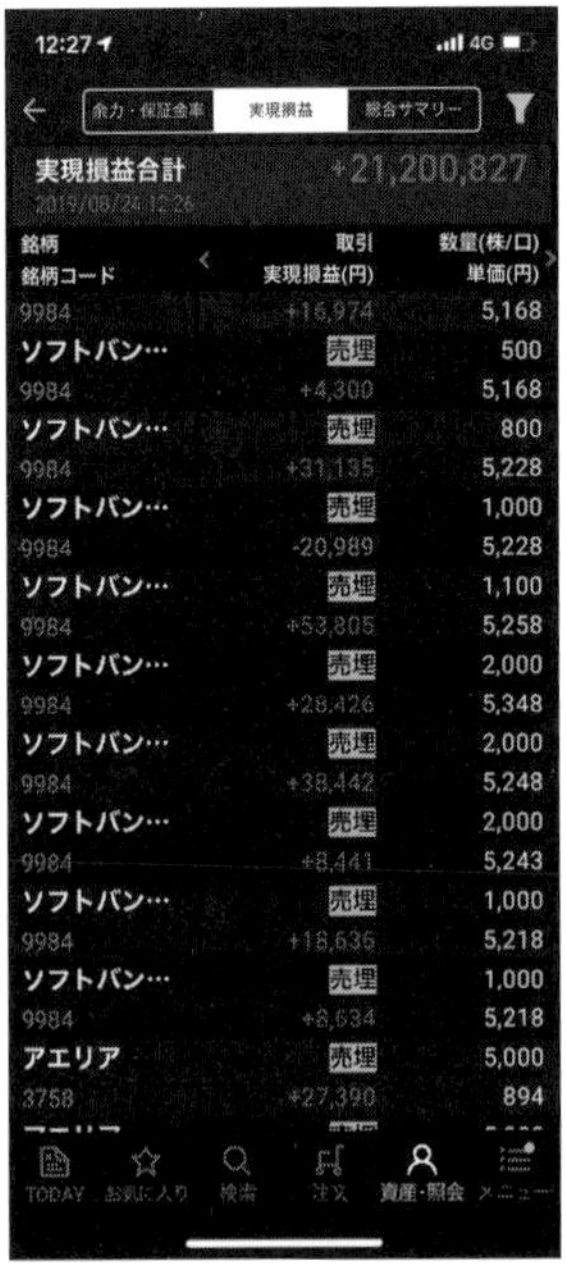
12:27 4G
余力・保証金率 | 実現損益 | 総合サマリー
実現損益合計 +21,200,827
2019/08/24 12:26

銘柄 / 銘柄コード	取引 / 実現損益(円)	数量(株/口) / 単価(円)
9984	+16,974	5,168
ソフトバン…	売埋	500
9984	+4,300	5,168
ソフトバン…	売埋	800
9984	+31,135	5,228
ソフトバン…	売埋	1,000
9984	-20,989	5,228
ソフトバン…	売埋	1,100
9984	+53,805	5,258
ソフトバン…	売埋	2,000
9984	+28,426	5,348
ソフトバン…	売埋	2,000
9984	+38,442	5,248
ソフトバン…	売埋	2,000
9984	+8,441	5,243
ソフトバン…	売埋	1,000
9984	+18,636	5,218
ソフトバン…	売埋	1,000
9984	+8,634	5,218
アエリア	売埋	5,000
3758	+27,390	894

TODAY お気に入り 検索 注文 資産・照会 メニュー

島田さん

努力は運を支配する!

生徒さんの結果 SNOWさんの実績：875万円

島田さんに続きもう一人、生徒さんです。SNSを使ってコメント付きで実績を送ってくれました。SNOWさんはコロプラを2週間保有するスイングトレードで、なんと**875万円**もの利益を上げています。高沢式トレード手法に合ったチャートを探した結果、コロプラを見つけルール通りにトレードした結果だそうです。こうして生徒さんが実績を報告してくれるのは、クラブで教えるという立場にある以上、一番嬉しいことです。

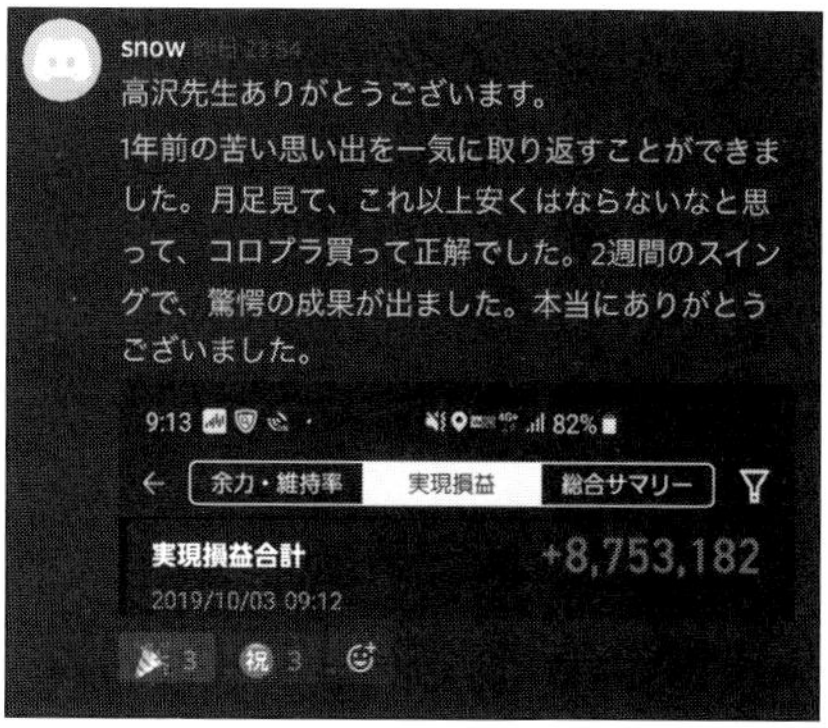
snow
高沢先生ありがとうございます。
1年前の苦い思い出を一気に取り返すことができました。月足見て、これ以上安くはならないなと思って、コロプラ買って正解でした。2週間のスイングで、驚愕の成果が出ました。本当にありがとうございました。
9:13
82%
余力・維持率
実現損益
総合サマリー
実現損益合計
+8,753,182
2019/10/03 09:12

SNOWさん

章のまとめ

●２０１６年10月から２０１８年２月まで、億を突破した軌跡を公開
●２０１９年１～３月は「損切りゼロチャレンジ」を行い、結果１０９勝０敗を達成
●２０１９年５月は「１０００万円チャレンジ」を行い、４２０万円の利益を達成
●２０１９年６月は「３００万円チャレンジ」を行い、１０３万円の利益を達成
●２０１９年８、９月間にトレードした実績を公開。運用資金は１億円
●生徒である島田さん、ＳＮＯＷさんの実績を公開

第3章

「銘柄を教えて」はもう止めろ！ 高沢式トレード手法でブレない根拠を手に入れる

固定概念を捨てろ トレードはスマホ1台でもできる

ここからは資産100万円から投資を始め、約1年半で私が億トレになった最も大きな要因である**投資の黄金の方程式**について解説していきます。
ただ、その前にこの本を読む皆さんにやっていただきたいことがあります。それは

「投資の固定概念を捨ててほしい」ということです。

究極的にいえば投資とはトレードツールの「買い」をクリックして、利確するときは「売り」をクリックするだけの行為です。長期投資するにしても短期投資をするにしても、突き詰めれば**「投資で利益を出している人＝その売りと買いのタイミングが上手い人」**と言いかえることができます。

ただ、それがシンプルである分、何を根拠にしてトレードをするのかという点については本当に人それぞれあり、決算などの業績を見て長い目線で利益を出すためにトレードする人や、チャートに水平のラインを引いてそこを上抜けたらトレードをする人など様々です。

つまり、その選択肢がたくさんある分、**経験の浅い人や、利益が出ていない人は何が正解かがわからずに迷ってしまいがち**です。

そうなると、例えば「デイトレードはトレードルームに何枚もモニターをおいてやっている専業投資家にしかできないのかな」とか、「テクニカルは画面にたくさん出したほうが儲かるのかな」といった勘違いも起こりやすくなってしまいます。

しかし、専業トレーダーとして億を超える資産を運用している私からすると、**投資においてそういった固定概念はきっぱりと捨てたほうがよい**と断言できます。

意外に思えるかもしれませんが、私は２０１６年に株取引を始めた当初からずっと**スマホ１台でトレード**をしています。ただし、当初からスマホトレーダーとしてやると意気込んでいたわけではなく、株式投資を始めた２０１６年10月時点では保険会社の社員として働いていたため、業務中にＰＣを操作するわけにもいきませんし、取引する手段はスマホしかなかったのです（というか単に買うお金がなかったというのも理由の一つです……）。

つまり私もトレーダーに対して固定概念があった人間の一人でしたし、スマホ１台で本当にやっていけるのかという不安もありましたが、結果的に好きな時に、取引ができましたし、**トレードにＰＣはほとんど必要ない**ことがわかりました。

まずはシンプルに考えろ 無駄な要素を排除するのが億トレへの近道

また、このスマホでのトレードは私の手法をより良い方向に導いてくれました。なぜかというと**「トレードはシンプルであればあるほどいい」**ということに気づいたからです。
スマホでトレードする際には、ＰＣよりも画面の大きさに制限があるため、チャートに出せるテクニカル指標や線なども限られてきます。なんとなく、テクニカル指標は画面上にたくさん出していれば、勝てる確率が上がるように思えますが、それは勘

違いで、本当に勝つことのできるトレーダーは**シンプルな手法を深く学び、自分の売買するポイントを明確**にして結果を出しています。

実際、私がスマホのチャートツールに表示しているテクニカル指標は**「二つだけ」**ですし、それを見て「今が買うタイミング・売るタイミング」と判断して結果を出しています。

重要なのは「銘柄」ではなく「根拠のあるトレード」

もう一つお伝えしておきたいのが、私が教えている講義内容を含む私自身のスタイルとして、生徒やこの本を読む皆さんに**「根拠のあるトレードをしてほしい」**という1点だけを考えている、ということです。つまり、**私のトレードに対しての考え方は推奨銘柄を教わるところではない**と、あらかじめはっきりと申し上げておきます。

というのも、仮に私が◯◯という銘柄の株価が上がると考えていたとして、それを他の誰かが聞いて同じ銘柄をトレードして含み益が出たとしても、そこにはその人自身の根拠が全くないため、どこで売ったらいいのかもわかりませんし、そもそも根拠がないトレードは、**なぜ勝てた（負けた）のかがわからない**ため、その理由を検証しようと思ってもできません。

このような考え方から、私は**「銘柄を教えることに意味はない」**という結論に至りました。


では、本当に利益の出せるトレーダーになるために何をすればいいのかといえば、それは**「決まった手法を相場に当てはめてトライ&エラーを繰り返し、勝率を高めていく」**ことです。

その意味で、私自身はトレードにおいてテクニカル分析を重視しています。テクニカル分析であれば「◯◯の状態になったら買い」というルール作りがしやすいからです。

ここからは普段、私が主催しているミリオネア投資家クラブで生徒だけに教えている手法を、今回特別に皆さんにお伝えしてきます。

一度、これまでに学んだ知識はフラットにして、これから学ぶ手法を自分の柱と考えてじっくりと腰を据えてやってみてください。すぐにとはいいませんが、必ず結果につながると自信をもって言えるので、一緒に成長していきましょう。

基礎をおろそかにするな まずはローソク足をおさらい

最も基本的な株価チャートは**「ローソク足」**です。ローソク足は**「始値」「終値」「高値」「安値」**の４つの価格でできていて、「終値」と「始値」が四角の部分、上にある線が「高値」、下にある線が「安値」を表しています。その形がローソクに似ていることから「ローソク足」と呼ばれています。

このローソクは区切る時間によって呼び方が変わり、1日で区切る場合は「日足」、1週間で区切る場合は「週足」などがあります。

長方形の部分が白抜きになっているローソク足は**「陽線」**、黒塗りで表示されるローソク足は**「陰線」**と呼ばれていて、二つの違いは、陽線は終値が始値よりも高くなっているので、日足であればその日は上昇して終わっていますし、日足が陰線であればその日は下落して終わっていることがわかります。

もう一つ、ローソク足には長方形の部分の上

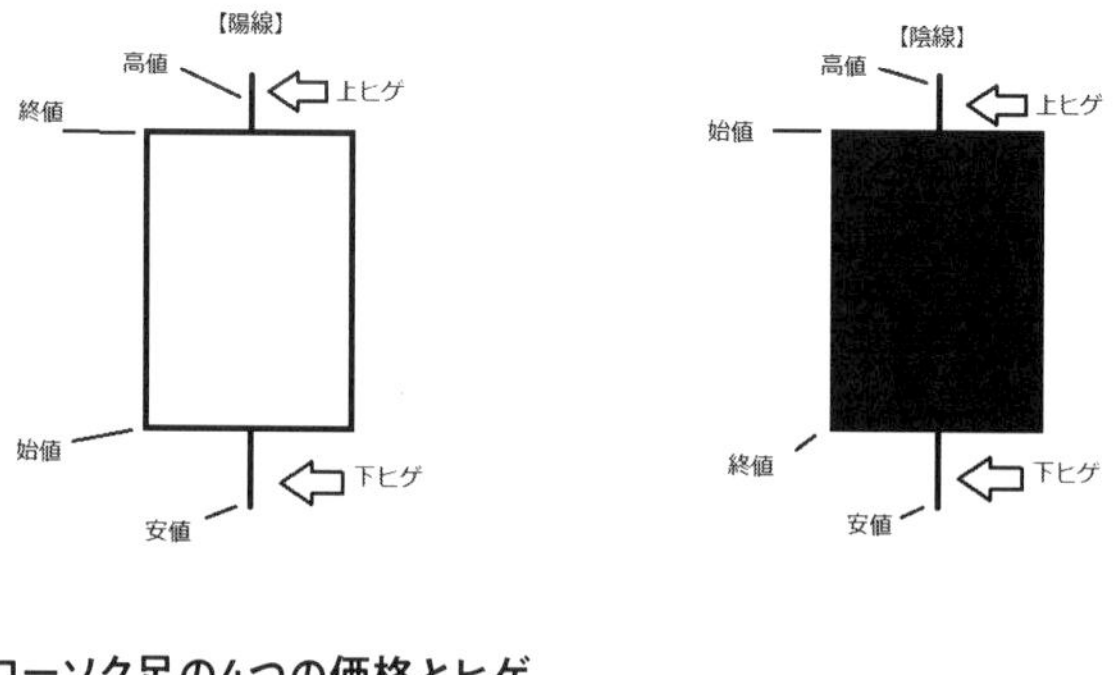

ローソク足の4つの価格とヒゲ

下に線がありますが、これは**「ヒゲ」**と呼ばれていて、**高値を示すのは「上ヒゲ」、安値を示すのが「下ヒゲ」**です。このヒゲが何を示しているかというと、ヒゲが長い場合、一度株価が大きく上昇しましたがその後、反対方向に動いた、ということです。

「テクニカル分析」というと複雑な指標を使うというイメージがありますが、ローソク足こそ最も基本的なテクニカル分析で、**シンプルながら4つの価格が示す形を見るだけでも、将来の値動きの方向性を予測するヒントがあります。**

例えば、陰線で上ヒゲが長い場合、一度は大

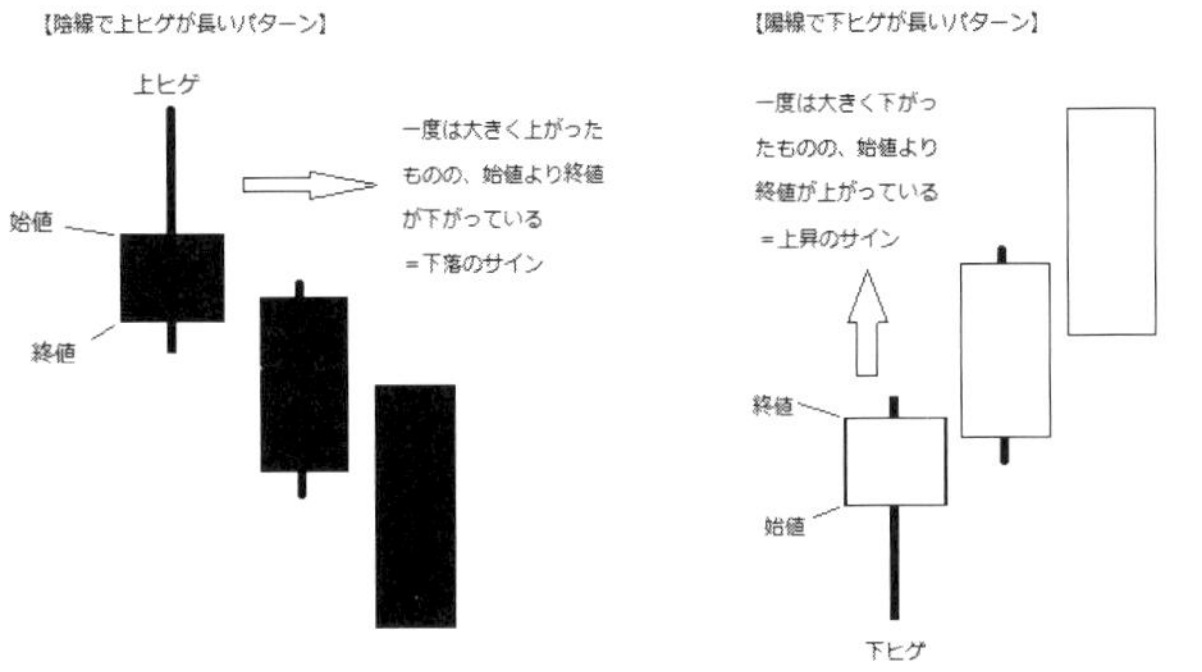
【陰線で上ヒゲが長いパターン】
上ヒゲ
始値
終値
一度は大きく上がったものの、始値より終値が下がっている
＝下落のサイン
【陽線で下ヒゲが長いパターン】
一度は大きく下がったものの、始値より終値が上がっている
＝上昇のサイン
終値
始値
下ヒゲ

長いヒゲは反対方向に動きが出やすい

きく株価が上がったものの、始値よりも下がったことを表しているため、下落のサインと考えることができますし、陽線で下ヒゲが長い場合は、株価が下がったもののその後流れが変わって上昇し、始値より上がって終了したことを表しているので、上昇のサインと捉えることもできます。

もう一つの**移動平均線**は一定の期間ごとの値動きの**「平均値」**をグラフとして表示したもので、例えば5日移動平均線であれば5日間の終値を平均して、その数値を繋げるとチャート上で線になります。

こうした仕組みでできているので、5日間のう

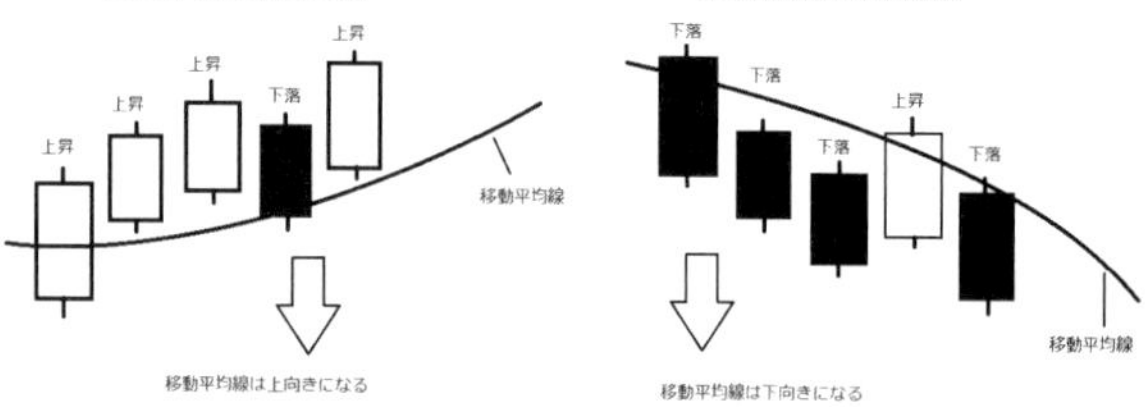

移動平均線の仕組み

ちに株価が上昇・上昇・上昇・下降・上昇というように上昇した日が多い場合、**5日移動平均線は上向き**になりますし、下落した日が多い場合は**下向き**になるので、株価が上昇傾向にあるのか、下落傾向にあるのかが一目でわかり、その銘柄のトレンドを把握するのに役に立ちます。

値動きは95.4%の確率で ボリンジャーバンド±2σ以内で動く

なぜ、ボリンジャーバンドを説明する前にローソク足と移動平均線の説明をしたかというと、**ボリンジャーバンドは移動平均線をアレンジしてできたテクニカル指標だから**です。

次のページの図は株価チャートにボリンジャーバンドを表示させたものですが、ここにある7本の線の中心にある線は先ほど説明した移動平均線なのです。

そもそもボリンジャーバンドは、移動平均線に足りなかった**「値動きの幅」**を統計学を応用することで視覚的に表したテクニカル指標です。

ボリンジャーバンドは、1980年代にジョン・ボリンジャー氏が移動平均線を元に開発したもので、移動平均線を中心として上下3つの線でできており、上側の移動平均線に一番近い線が**プラス1σ（シグマ）**、二番目が**プラス2σ**、三番目が**プラス3σ**と呼びます。下側も同じように移動平均線に近いものから**マイナス1σ**、**マイナス2σ**、**マイナス3σ**です。この上下6本の線は、それぞれ統計学的な計算で「株価が動く確率」を示したもので、それぞれ、

●移動平均線から一番近い上下線（プラス1σ～マイナス1σ）の間で株価が動く確率＝約68・3％
●2番目の上下線（プラス2σ～マイナス2σ）の間で株価が動く確率＝約95・4％
●3番目の上下線（プラス3σ～マイナス3σ）の間で株価が動く確率＝約99・7％

POINT

となります。

いきなり専門用語が出てきて混乱しますが、ボリンジャーバンドに関してはあまり難しく考えることはありません。というのも基本的に株価は移動平均線の近くにありますが、株価は常に動いていて一定ではない

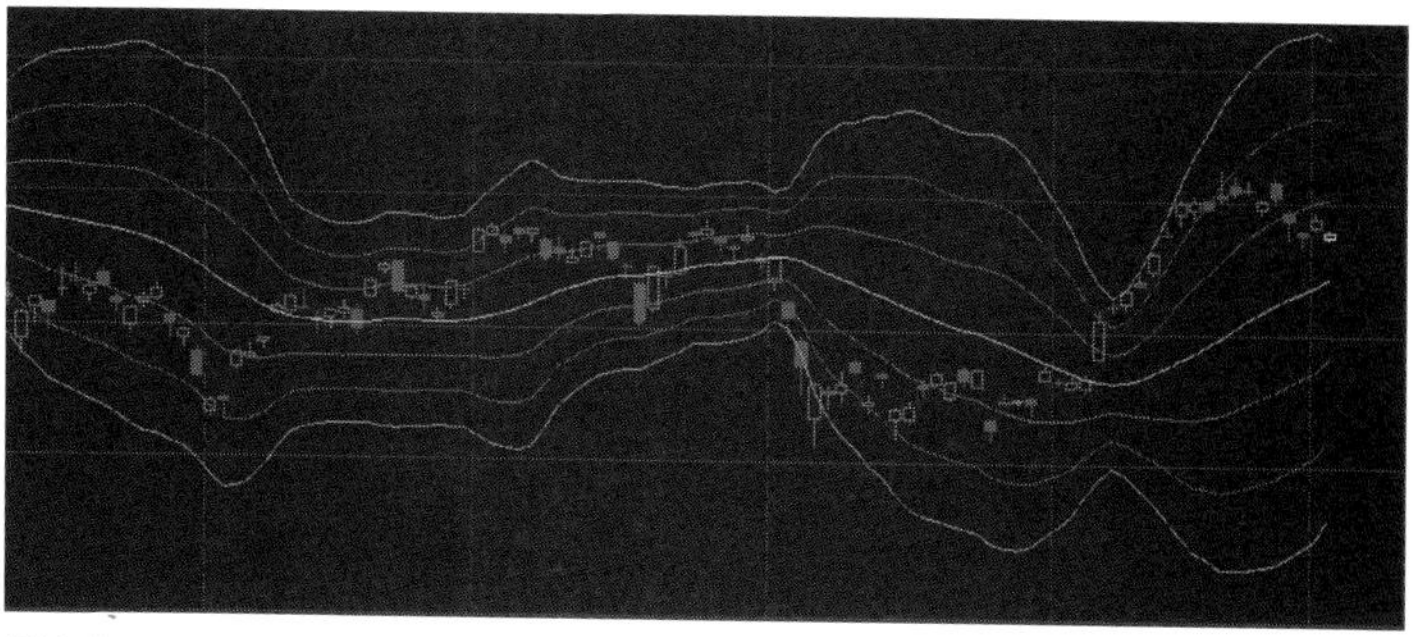

「値動きの幅」を示すボリンジャーバンド

ので、たまに上下することがあります。ボリンジャーバンドはその上下の幅を示したもので、**「株価は基本的に±2σの間で収まる」**というポイントさえ押さえておけば、計算方法などを理解しなくてもトレードに支障はありません。

「売られすぎている」ところで買うのが基本

「ほとんどの値動きは±2σの中に収まる」

ボリンジャーバンドをある本で読み、この法則を知ったとき私は**「これを使えばギャンブルにならない確実性の高いトレードができる」**と考えました。というのも、値動きが±2σの中で動くのであれば、見方を変えると中心線（移動平均線）から、急に上昇したり下降して±2σに近づく動きはあまりないことなので、**「買われすぎ」**

「売られすぎ」と判断できるのではないかと思ったのです。つまり、この考え方をトレードに当てはめてみると、

POINT
●「プラス2σ」の線にローソク足が触れている、もしくは飛び出しているようなときは、買われすぎている＝そろそろ売り時である
●「マイナス2σ」の線にローソク足が触れている、もしくは下回っているようなときは、売られすぎている＝そろそろ買い時である

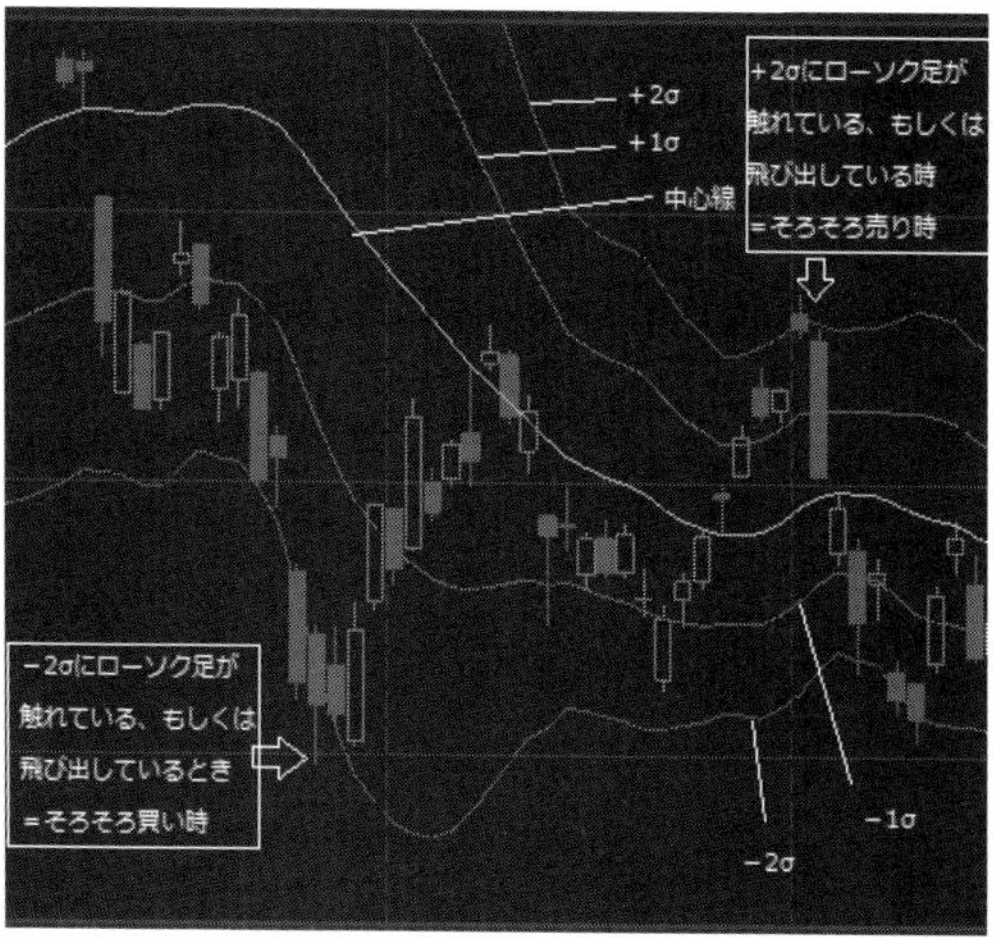
+2σ
+1σ
中心線
+2σにローソク足が
触れている、もしくは
飛び出している時
＝そろそろ売り時
−2σにローソク足が
触れている、もしくは
飛び出しているとき
＝そろそろ買い時
−1σ
−2σ

ボリンジャーバンドの「売り時」「買い時」

と考えることができます。

私のトレードの最も根本的な原則は、この**ボリンジャーバンドを使った買い時、売り時の判断**にあることを覚えておいてください。


また、ボリンジャーバンドを使うことによって得ることができるもう一つの情報が**「値動きの幅」**です。

図は±2σまでのボリンジャーバンドを表示させたチャートですが、ボリンジャーバンドは線と線の間の幅が広がったり、狭くなったりしています。これが何を意味しているかというと、**「幅が広いところは、値動きが大きい」「幅が狭いときは値動きが小さい」**ということです。

この情報が何の役に立つのかというと、例えば、マイナス2σにローソク足が触れているとき、先ほど説明した原則では「そろそろ買い時」と判断しますが、線の幅が狭く値動きが小さいような時は買っても上昇しづらく利益を出すのが難しいことが多いのです。そのため、いくら買い時とはいえ、利益を出しづらい状況であればエントリーを見送るという判断も、負けないトレードには必要になります。

その点、ボリンジャーバンドは線と線の間が広がっているか、狭くなっているかを見れば値動きの幅を一目で理解することができるので、**「売り時・買い時の判断」「値動きがあるかないかの判断」どちらもできる優秀なテクニカル指標**と言えます。

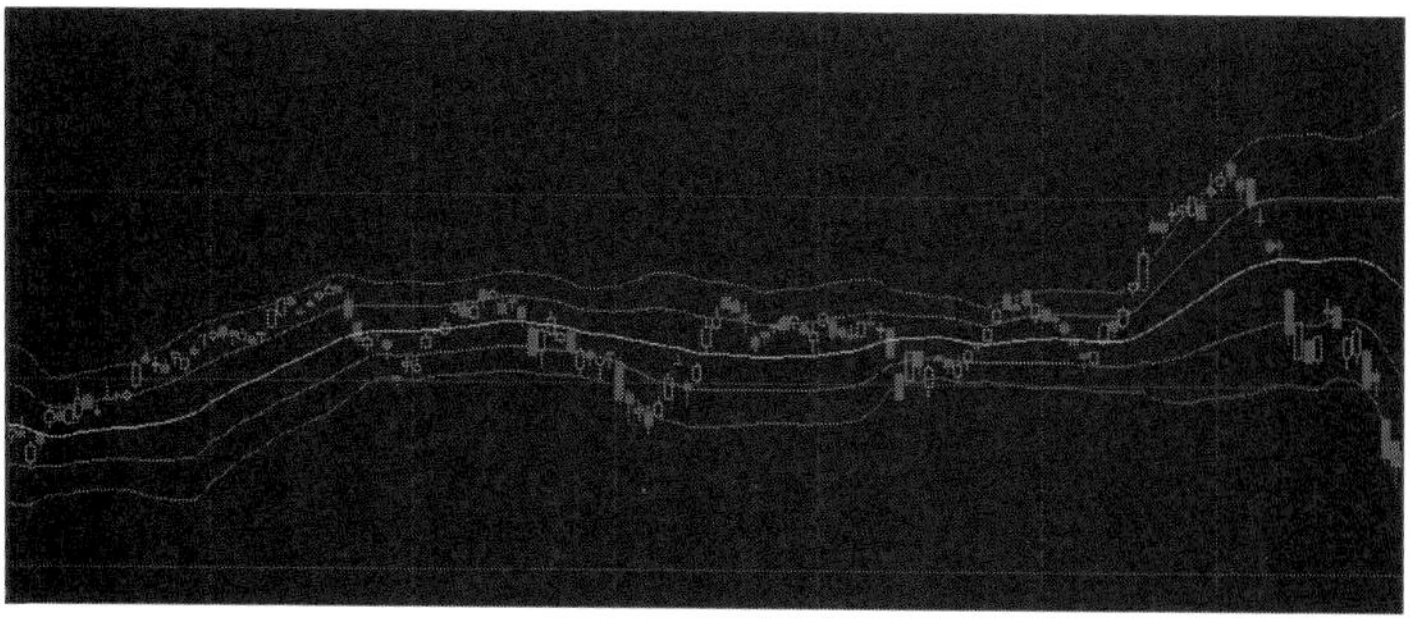

ボリンジャーバンドは「値動きの幅」もわかる

「売られすぎ」「買われすぎ」を判断するRCI

ボリンジャーバンドのこうした優れた点に気づいた私は、このテクニカル指標についてより深く知りたいと思うようになり、関連書籍を読み漁り、それを応用して取引するようになりました。ただ、取引で使ってみると、とあることをきっかけにボリンジャーバンドだけでは根拠として弱いのではないかと思うようになったのです。

というのも、ボリンジャーバンドの原則としてほとんどの値動きは±2σの中に収まるため、±2σにローソク足が到達したあたりで反対方向の売買を考えますが、実際には±2σを超えてローソク足が動くことも多く、**プラス2σ付近で売り時と思って売ったらさらに上昇して損をしてしまう**というようなことが度々起こりました。

改めて考えてみると、±2σの間にほとんどの価格が収まるからといっても、±2σに到達するような値動きは価格に勢いがついている証拠ですし、その勢いが継続すればトレンドができるので、単純に±2σ付近で反対方向に売買をするだけでは、そうした動きに対応できないことに気づきました。

「本当にボリンジャーバンド一つでいいのか？」という心理的な部分での不安もありましたが、そうした気づきもあり、もう一つ頼りにできるテクニカル指標はないかなと考えた時に採用したのが**「RCI」**でした。

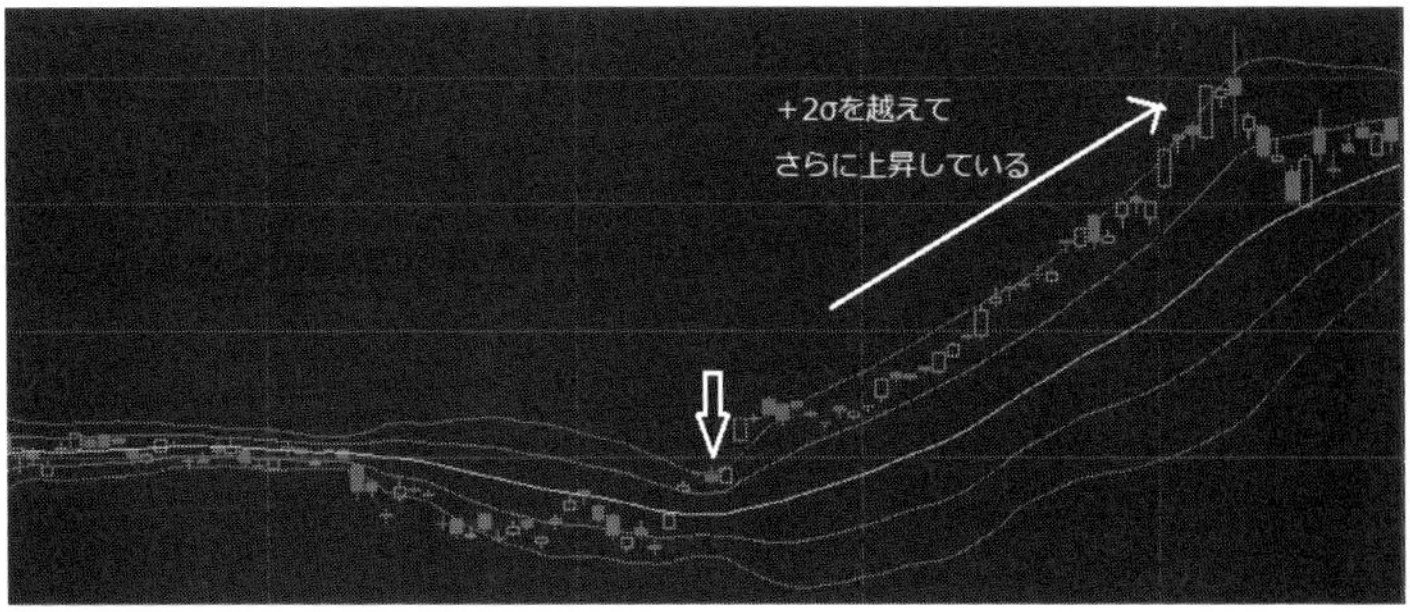
+2σを越えて
さらに上昇している

プラス2σを超えて動く例

知らない人のために説明すると、ＲＣＩは**価格が「買われすぎ・売られすぎ」かを判断するテクニカル指標の一つ**で、「Rank Correlation Index」の頭文字からＲＣＩと言われています。日本語に訳すと、「順位相関指数」という言葉になります。

ＲＣＩは、ある一定の期間において、日付と価格に順位をつけ、その相関関係を**１００％からマイナス１００％**の範囲で示されます。仮に期間を９日間とした場合、９日間、株価が上昇を続けていればプラス１００％になります。逆に９日間、株価が下落し続けていれば、マイナス１００％となります。理屈としてはこのような説明になりますが、ＲＣＩもボリンジャーバンドと同様に、計算式について難しく考える必要はなく、

POINT

ＲＣＩが０～１００％にあるとき＝上昇傾向
ＲＣＩがマイナス１００～０％にあるとき＝下降傾向

とシンプルに捉えて問題ありません。
このようなＲＣＩの特徴から、**トレンドについて判断する指標**として用いることが可能です。ちなみに０％であれば、**相場に上げ下げの方向がない**ということが言えます。

また、ＲＣＩが１００に近いときには、時間とともに価格がずっと上昇してきているので、**「買われすぎ」**のような状態であると捉えることができますし、また、マイナス１００％に近いときには、時間とともに価格がずっと下落してきているので、

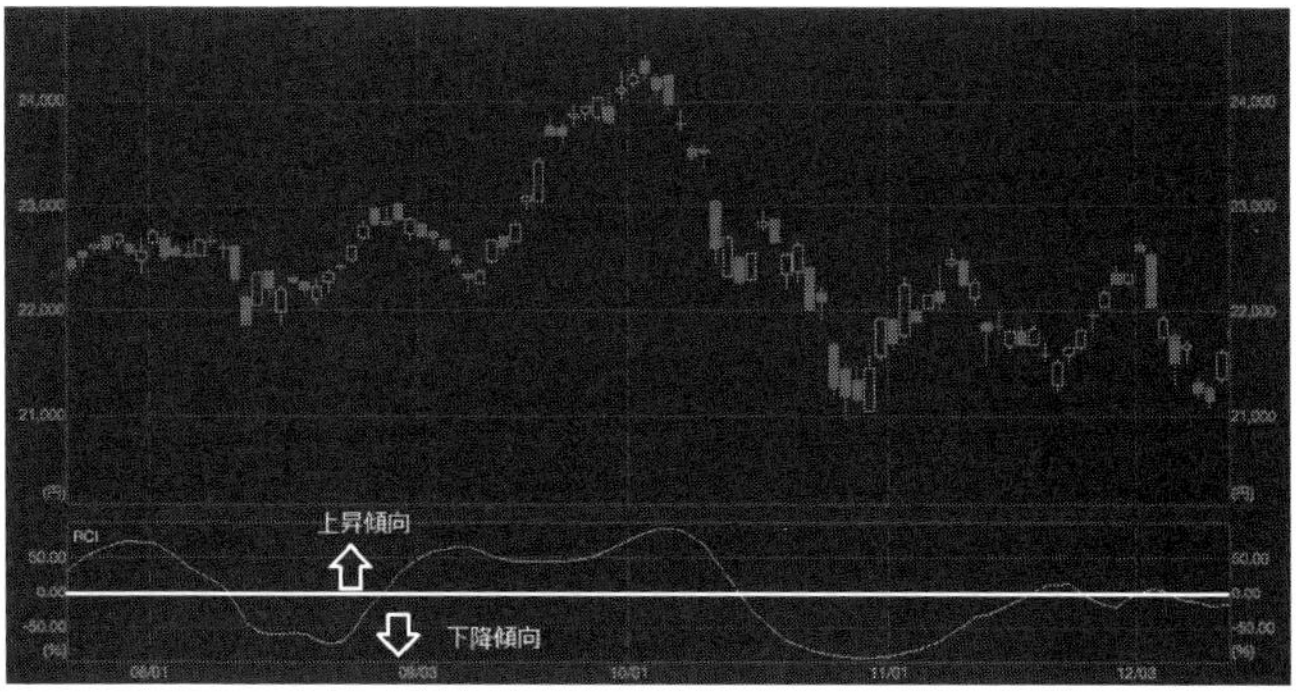

RCIは0より上か下かで値動きの傾向がわかる

「売られすぎ」である状態だと考えることができます。一般的には**プラス80%以上は買われすぎ、マイナス80%以上は売られすぎ**として見ることができます。

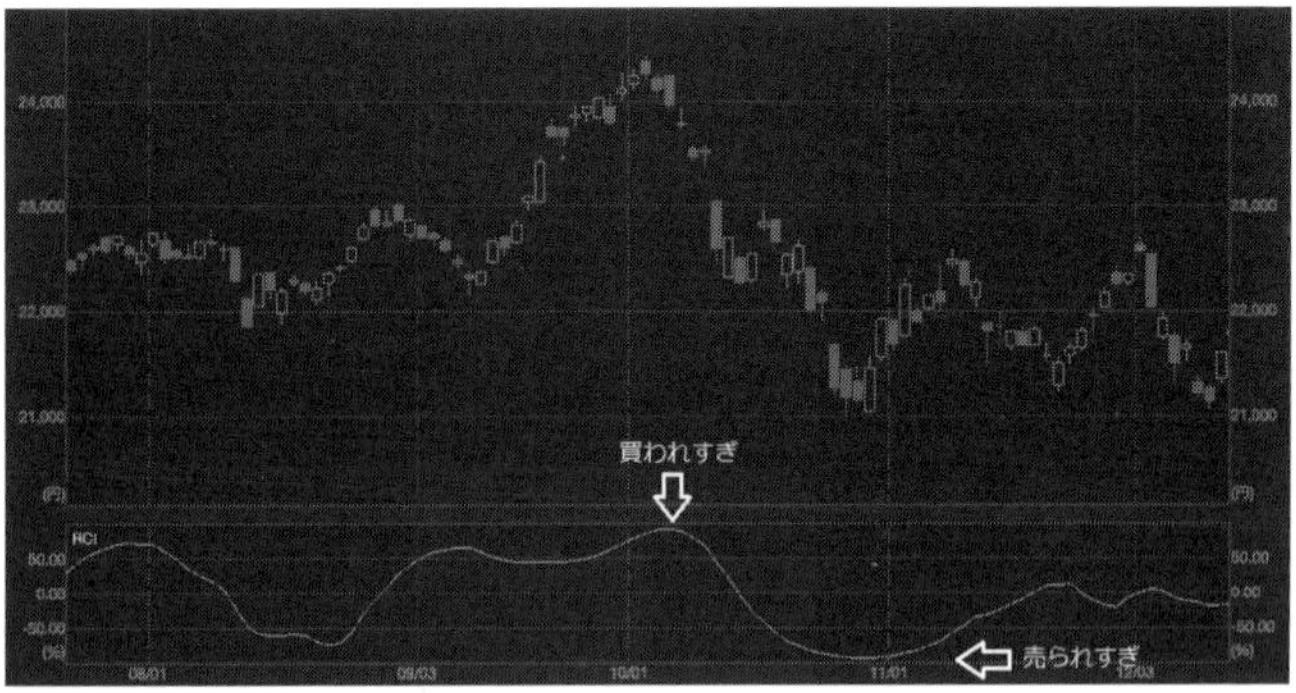

RCIの「売られすぎ」「買われすぎ」

ボリンジャーバンドとRCIの組み合わせが億超えの扉を開いた

ＲＣＩを知ったとき「**先ほどのボリンジャーバンドを使った手法の弱点を補ってくれるのでは**」というひらめきがありました。

例えばローソク足がボリンジャーバンドのマイナス２σ付近にあるとき、原則としては買いで入ります。ただ、値動きが素直に中心線に向かって戻るのか、下落の勢いがついていてマイナス２σを下抜けていくのかは、ボリンジャーバンドだけでは判断ができません。

しかしそこでＲＣＩを見ることによって、**価格が売られすぎた状態からもとに戻るのか、そうでないのか**がわかるようになるのです。

このことに気づいた私は「これは使える！」と思い、まずは長い時間軸で様々な銘柄のチャートを見て自分の考えが合っているか検証を始めました。そして本当にたくさんの銘柄で検証した結果、ボリンジャーバンドとＲＣＩを組み合わせて売買のポイントを探す手法が、見事に当てはまっており「これなら大丈夫」という確信を得ることができました。

とはいえ、全部が全部、成功するわけではありません。失敗するときもありました。ときに失敗はあっても、組み合わせて判断することで、リスクを極力おさえることに成功し、着実に自己資金を増やしていったのです。

ボリンジャーバンドとRCIのどこを見るのか

ここからは、実際に私が売買するときにボリンジャーバンドとRCIを使ってどのようにエントリーポイントを探しているかを説明します。

基本的に私がチャートをチェックするときは、

POINT
- **ボリンジャーバンドは±1σ、±2σまでを表示（±3σは使わない）**
- **RCIは短期線と長期線を表示**

この設定を基本としています。私の使っている楽天証券さんでは**RCIを2本**表示することができるので、デフォルトの設定は短期線が13、長期線は21となっていますが、詳しい設定は「はじめに」で説明した、ＬＩＮＥに登録いただいた方に、相場状況に合わせて最適な数値をお送りしていますので、そちらを参照してみてください。

まず、ボリンジャーバンドとＲＣＩそれぞれの買いの場合でのエントリーポイントについて説明します。

ボリンジャーバンドは前述したように、±２σの範囲内で値動きするという特性を利用するので「マイナス２σで

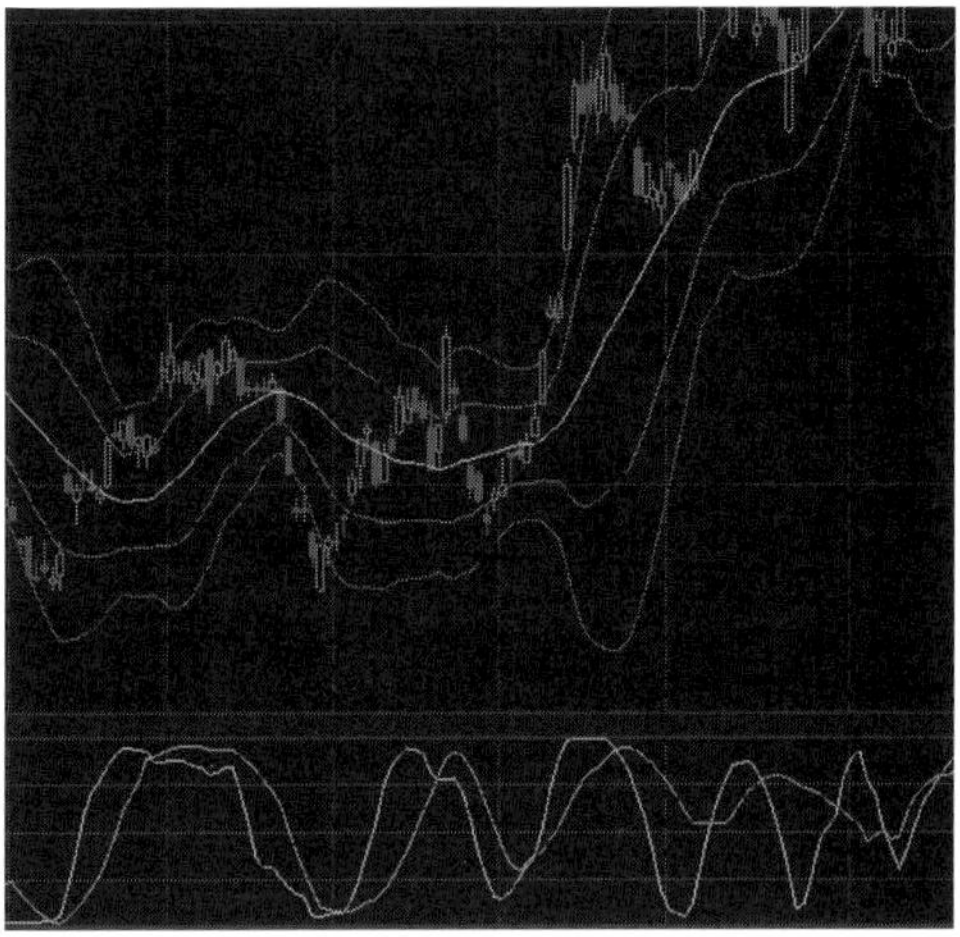

ボリンジャーバンドとRCIを組み合わせた高沢式チャートの例

買って、プラス2σで売る」が基本原則です。

もう一つのRCIのエントリーポイントですが、こちらは**「2本の線がマイナス100%近くから上に切り上がったとき」**が経験上最も勝率が高いです。

先ほど楽天証券ではRCIの短期線、長期線の2本が表示できると言いましたが、これは言い換えると「短期でチャートを見た場合のRCI」と「長期でチャートを見た場合のRCI」という**複数の目線のRCIが表示できる**というこ

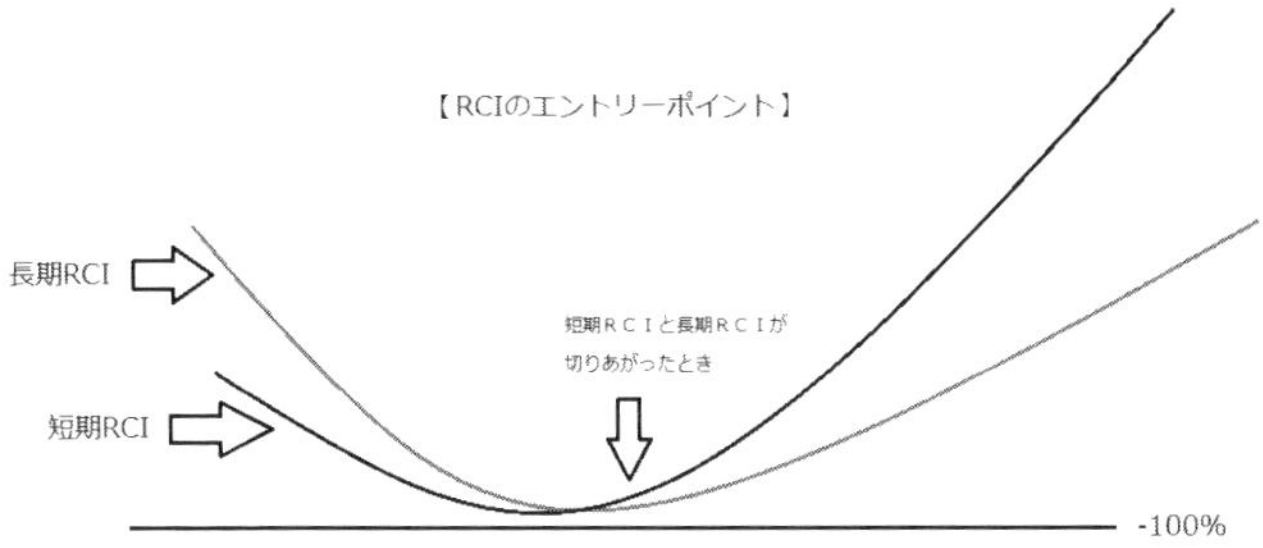

RCIのエントリーポイント

とで、短期線と長期線が切り上がっていくということは、**短期と長期どちらの目線でも、価格が売られすぎている状態から戻していく最初の段階**だということがわかります。

株式投資で理想的な売買は「下で買って上で売る」と言われますが、**RCIを使えば、その下のところで買うことができる可能性がより高くなります**。利確の場合は反対に、RCIが100%付近にタッチをしたあたりが目安です。

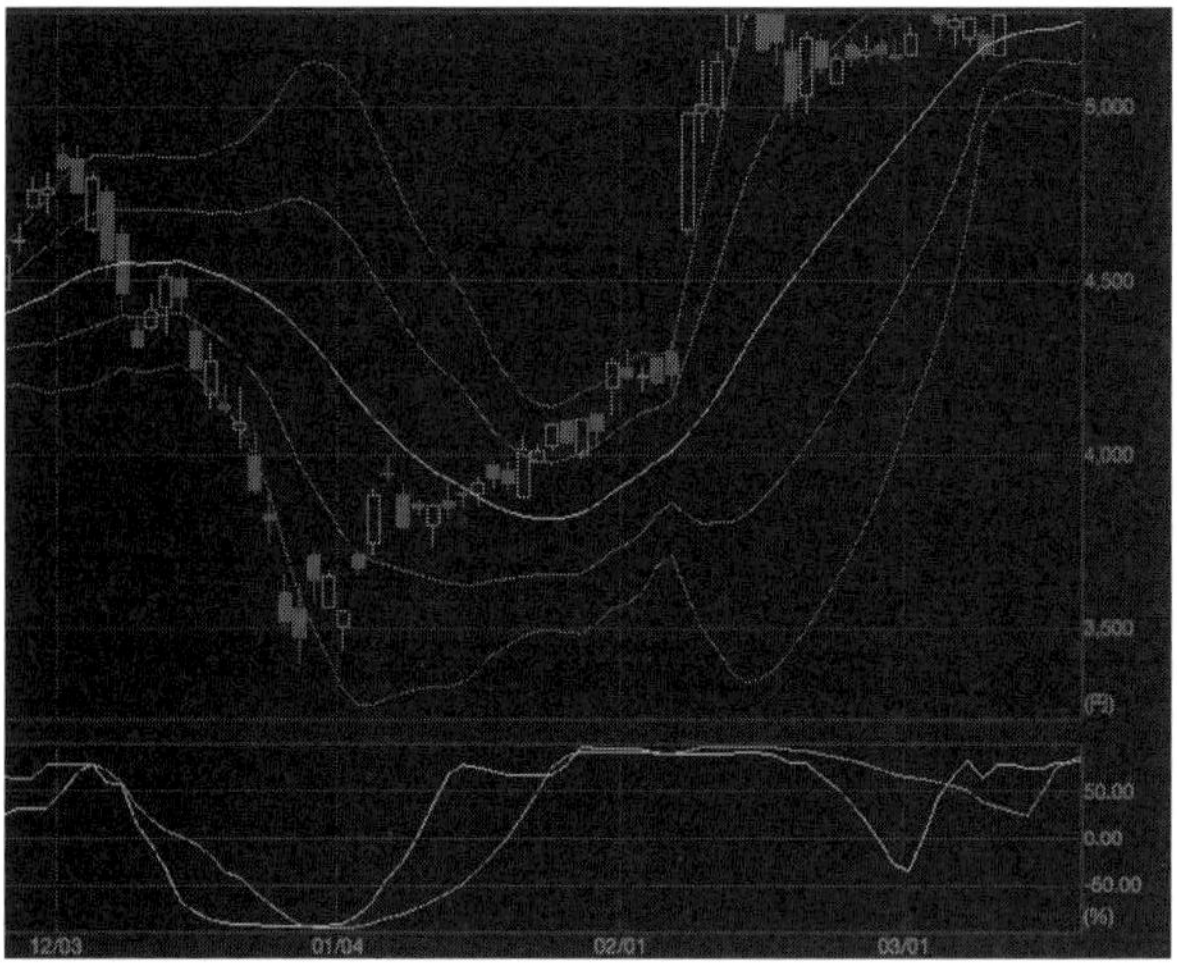

2つのRCIが切り上げているチャート

驚くかもしれませんが、私が日々専業投資家としてチャートを分析する際に柱としているのは先ほど説明した、

「ボリンジャーバンドのマイナス2σで買って、プラス2σで売る」
「2本の線がマイナス100%近くから上に切り上がって、短期RCIが長期RCIを交差したとき（ゴールデンクロス）」

POINT

この二つだけです。**これが高沢式トレード手法の黄金の方程式**です。やることはこの二つの条件が合致したタイミングで売買するだけ。どうでしょう、とてもシンプルな手法だと思いませんか？　でもそんなシンプルな手法なのに、**トレードで使ってみると私の勝率はそれまでと比べてぐっと上がったのです**。
これはご自分でボリンジャーバンドとRCIをチャートに表示して、検証してもら

えればわかると思いますが、もうチャートに何個もテクニカル指標を表示したり、ラインを引きまくってぐちゃぐちゃになることもありませんし、**すっきりとしたチャートで勝率の高いトレードができるようになります。**

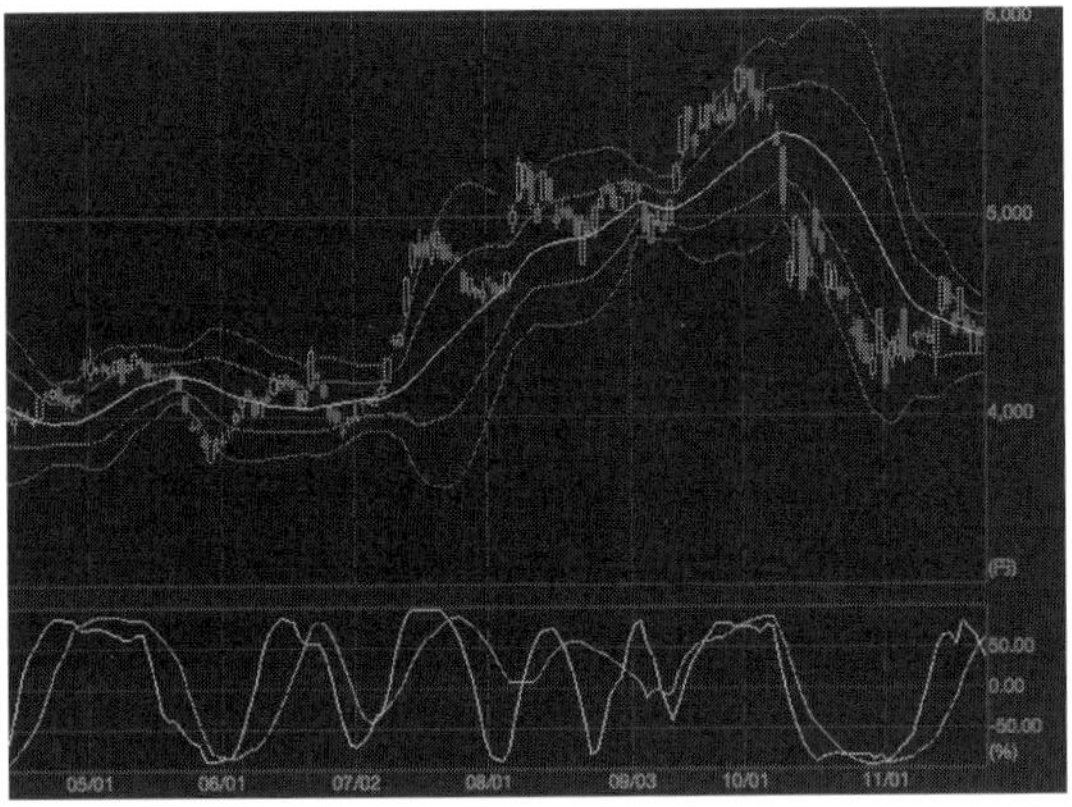

ボリンジャーバンドとRCIを組み合わせたチャート

「ボリンジャーバンドが上向き」かつ「RCIが切り上げ」がエントリーポイント

ただし、先ほど説明した条件に当てはまっていても、この手法を使った売買が上手くいかないケースもあります。そうしたケースを避けて売買するために注意すべきなのは**「ボリンジャーバンド、RCIの向き」**です。

次の図では、ボリンジャーバンドとRCIを表示しており、チャートの左側ではRCIが底打ち、ボリンジャーバンドもマイナス2σを抜けて反発しているので、つい「エントリーできるかな?」と思ってしまいますが、私はここではエントリーしません。

なぜかというと、まず、ローソク足はボリンジャーバンドのマイナス2σに当たっていますが、**バンドが下向きのままなので、マイナス２σがそのまま下降し続ける可能性が高い**からです。いくらマイナス２σの線を下抜ける可能性が低いとはいえ、線自体が下がって行くということは下向きの勢いが衰えていないということなので、ここで買っても利益につながらない状況と言えます。

したがって、ボリンジャーバンドを見て買いエントリーする際には、**厳密にいえばマイナス２σにローソク足がタッチして、バンドが横向き、もしくは下から上向いてくるタイミングが正しいエント**

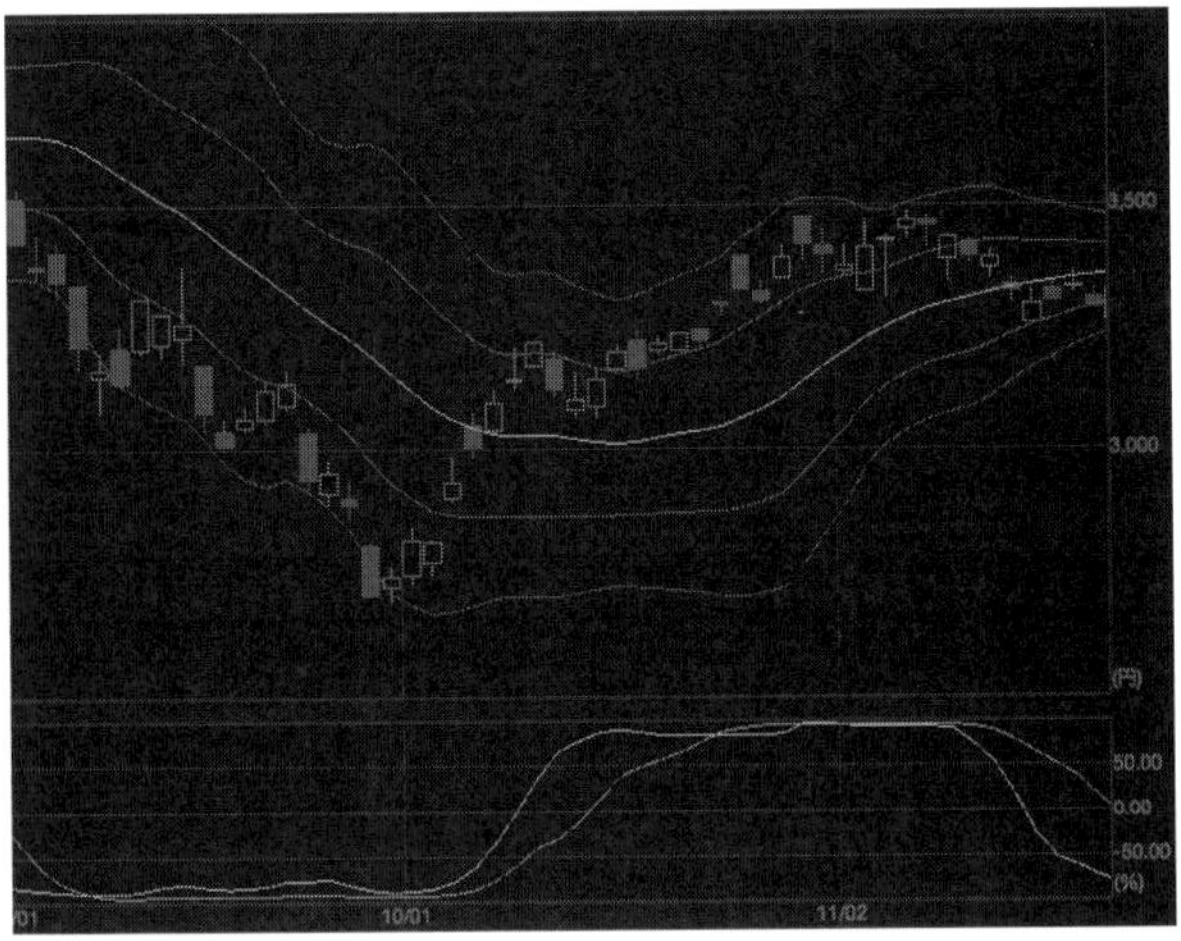

正しいエントリーポイント

リーポイントだということができます。
ＲＣＩの場合も同様で、**短期線と長期線の向き**に注目する必要があります。高沢式トレード手法においてＲＣＩは二つの線の組み合わせなので、長期線が下を向いている時でも、**短期線は早めに反応する**ので、何度も切り上げています。この状況を詳しく考えてみると、短期目線では売られ過ぎから反転する値動きになっていますが、長期目線ではまだ売られ過ぎにはなっておらず、**相場のトレンドは下降する動きが続く可能性が高い**です。

このタイミングで買いエントリーをしてしまうと、下降トレンドの途中の戻り高値となって、そこからさらに下げる動きに巻き込まれて含み損になってしまいます。
そうした事態を避けるためにも、**長期線がマイナス１００％付近から切り上げたタイミングまで待って**エントリーすると、長期線も短期線も売られ過ぎから反転する流れに乗ることができるので、より勝率を上げることができます。

したがって、高沢式トレード手法の原則をより厳密にいうと、買いの場合は、
●「ボリンジャーバンドの線の向きが上を向いていて」なおかつ、「短期と長期、両方のＲＣＩが切り上げになっている」

POINT

その**双方が整っているようなとき**こそ、買いのタイミングなのです。

手法を学んだら疑う前に実践で使って検証しろ!

ここまで、**最もシンプルかつ勝率の高い高沢式トレード手法の根幹**の部分をお話ししてきました。

私は資産１０００万円から１年半で１億円を達成しましたが、正直なところ、**この手法を考えついて以来、ほかのことはほとんどやっていません**。

ボリンジャーバンドとＲＣＩを組み合わせて出る売買サインに従って検証し、実際のトレードで勝てるという確信を掴んでからも、そのサインに従って売買を繰り返していたといっても過言ではありません。

手法を使い込むうちに、オプションとして±２σ付近以外のエントリーについての方法を見つけたりもしましたが、それはあくまでボリンジャーバンドやＲＣＩへの理解が深まったからこそできるものであり、今も先ほど紹介したやり方が柱になっていることに変わりはありません。

やることがシンプルな分、ここまでの説明を読んで「本当にこれだけで儲かるの？」と疑問に思う方もいるかもしれませんし、その気持ちはよくわかります。ただ、安心してください。次の章からは、具体的なチャートを使って高沢式トレード手法の有効性を確認していきます。

章のまとめ

●固定概念を捨ててみる。スマホ1台でも手法をシンプルにすれば十分勝てる
●基本のローソク足は、4つの価格が示す形を見るだけでも値動きが予測できる
●ボリンジャーバンドを使えば、価格の「売られ過ぎ」「買われ過ぎ」がわかる
●ボリンジャーバンドにRCIを加えると、さらにトレードの勝率が上がる
●ボリンジャーバンドの線が上向き、RCIが切り上げていれば買い時

第4章 チャートを使った事例紹介

売りも買いも対応できる

実践に入る前に、1点お伝えしたいことがあります。それは**私の手法は「買い」と「売り」どちらからもエントリーできる**ということです。

信用取引について知っている方は、ここでいう売りが**「空売り」**のことを指しているということがわかると思いますが、それを知らない人に簡単に説明しておくと、株を現物で売買する場合は基本的に買いしかできませんが、信用取引を使うことで、**証券会社から株を借りて価格が高いところで売り、後で買い戻す**ことで利益を出す取引ができるようになります。これを**「空売り」**と言います。

ここでは信用取引について詳しく触れませんが、現物取引の場合、安いところで買って高いところで売れば利益が出ますが、空売りはその反対で**「高いところで売って安いところで買えば利益が出る取引」**ということだけ覚えておいてください。

つまり株のトレードでは、価格の上昇を狙って株を買うことで利益が出せますし、反対に価格の下降を狙って空売りすることで利益を出すことができるのです。

「買いしかやらない」という投資家も多くいますし、それで利益を出すことができるのであれば問題ないですが、信用取引を利用して空売りすることで価格が下がっている時でも利益を取れるということは、**単純にチャンスが2倍になる**と私は考えています。

特にここまで解説してきた私の手法において、ボリンジャーバンドの±2σ以内で価格は変動する（＝売られすぎ・買われすぎは平均に戻る）という原則に基づいていますし、ＲＣＩに関しても１００％付近では買われすぎ、マイナス１００％付近では売られすぎと判断することができるため、**株価が上昇している時も、下降している時どちらでも売買サインが出ます**。トレードはその売買サインにしたがって判断をするため、**空売りを敬遠してやらないという人は、取引タイミングの半分を見逃している**ということになります。

ただ、そうは言っても、これまで買いばかりをやってきた人にとっては、「株は買うもの」と目線が固定されているため、いきなり上昇局面と下降局面、どちらにも対応するのは難しいのかもしれません。

そういった人は、まず買いの場面から私の手法に慣れていただいてももちろん問題ありませんが、将来的に両方の局面で利益を取れることを目標に検証を進めることをお勧めします。

どの時間軸でも対応できる

さて、いよいよ実際の3つの銘柄のチャートを参考に、私が普段どのようにしてテクニカル分析をしているのかを見ていきます。例として出す銘柄は日足、週足、15分足と異なっていますが、私の使っている手法はどの時間軸にも対応しているので、その点は気にせずとも問題ありません。

「どの時間軸で自分がトレードをするのか」ということで、デイトレなど短期間の売買をしたい方は、15分足や5分足に限定してボリンジャーバンドとＲＣＩが売買のサインを出しているチャートを探せば良いですし、反対にスイングや長期間の売買をしたい方は、日足や週足で探していけばいいのです。

以下のチャート画像はよりリアルな取引状況を再現するために、私が普段使っている楽天証券が提供しているスマートフォン向けのチャートツールを表示しています。

日本郵船（9101）

最初の例は、日本郵船（９１０１）の週足です。
左側が少しボリンジャーバンドの表記がかぶっているため見づらいですが、

２０１９年の７月から８月にかけて１９００円台でダブルトップを形成した後に価格が急落し、一気にマイナス２σにタッチして、そのあと１５００円台まで下げています。

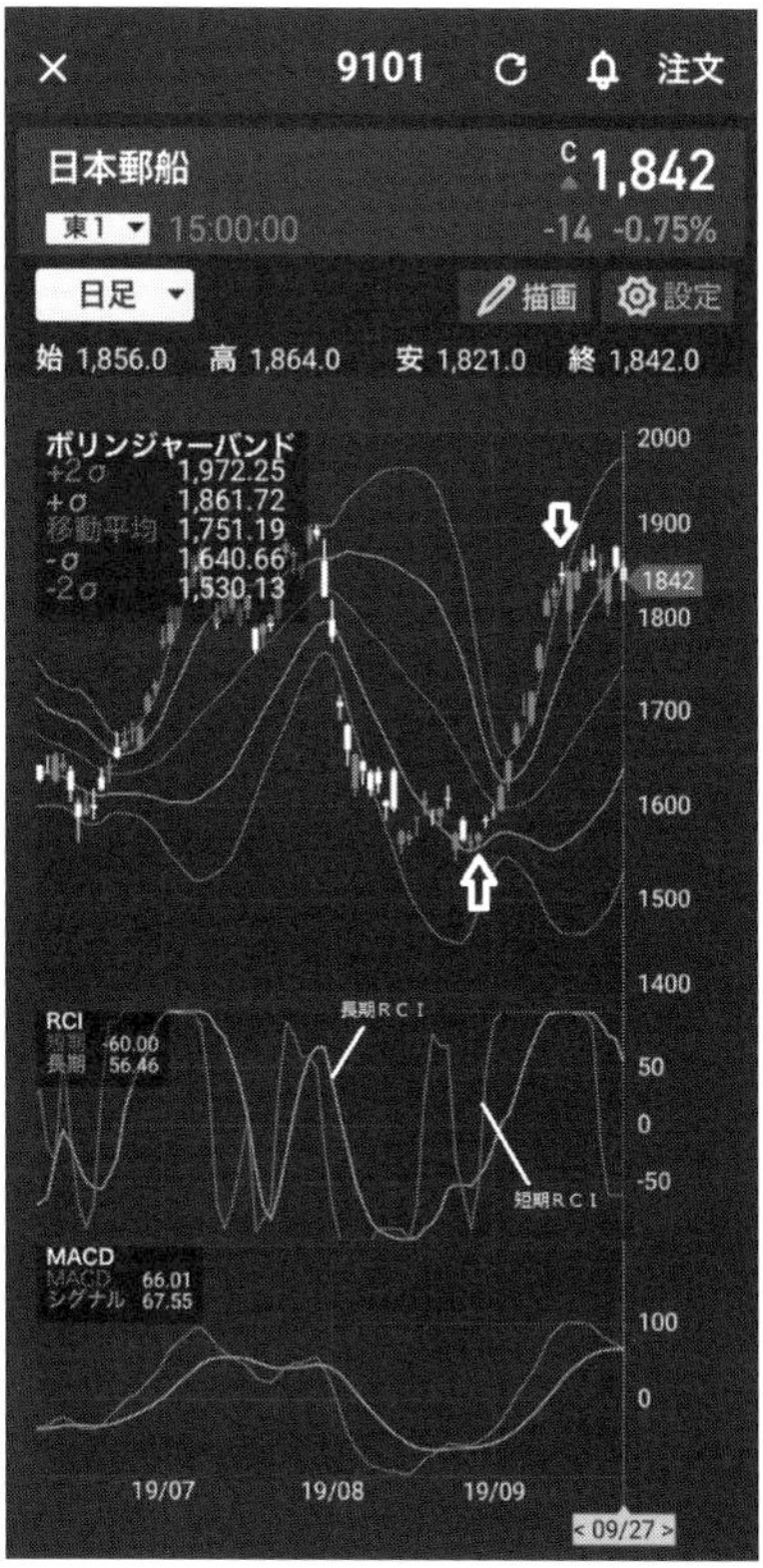

日本郵船　日足

手法の解説ページでも説明しましたが、８月初めにマイナス２σにタッチした後の価格の動きを見てわかるように、これが単純にマイナス２σにタッチ＝買いと判断すると損失を広げてしまいます。

そもそも、8月初めにマイナス2σにタッチした時点でもマイナス2σの線は下向きが続いていますし、下の段にあるRCIの長期線を見ても8月の初め時点では買われ過ぎの水準から下向きに反転した直後なので買うポイントとしては全く適切ではありません。

また、これは私のボリンジャーバンドの極意として、

●8月に入って4本目の値動きのように±2σに触れずに大きく超えて行くような値動きは、底打ち・天井を確認した後に反転する可能性が高くなる

POINT

という法則を経験上知っているので、この法則を踏まえてチャートを改めて見てみ

ましょう。

まず、ボリンジャーバンドの向きを確認してください。底打ちの理想は下向きから横向きに変わるタイミングなので、8月半ばに最初に陽線の下ヒゲをつけたタイミングでは、ボリンジャーバンドが下向きのままです。

ここでのエントリーは控えて動きを見ていくと、ボリンジャーバンドが徐々に横向きに変わっていきま

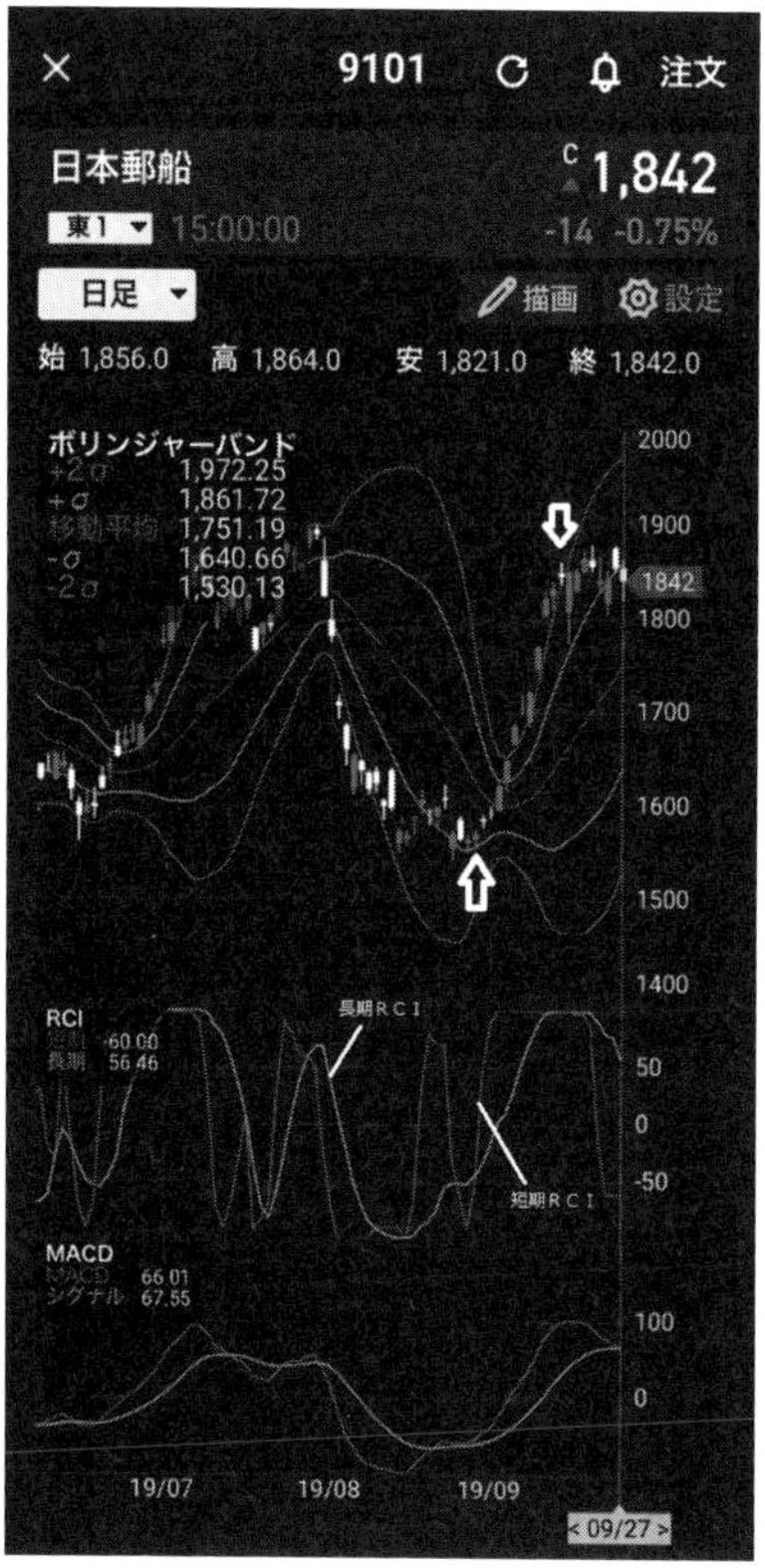

日本郵船　日足

す。またそれに合わせてローソク足を見ると、8月半ばに最初の下ヒゲをつけた後、8月下旬にもう一度下ヒゲをつけて切り上がっていきます。

さらに下のRCIを見ると、長期線が8月半ばに売られ過ぎの水準から上昇してきており、短期線も長期線が横ばいになった後に切り上げています。ここが、この銘柄のエントリーポイントです。

こうした「ボリンジャーバンド」「ローソク足」「RCI」を組み合わせてみると矢印のポイント、1600円付近で買うことができます。


その後、9月前半から中盤にかけて1800円台まで一気に上昇しました。先ほどのポイントで買うことができていれば、**利確のタイミングは買いの時と反対にすればいいだけ**です。

目安としてはローソク足がプラス2σ付近にあり、RCIが天井付近になった矢印のタイミングで利確すれば良いでしょう。

表示させているチャートが日足なので、先ほどのタイミングで入って利確すれば、**半月ほどで300円程度の値幅**を取れたことになります。

ソフトバンクグループ（9984）

次は、私もよくトレードしているソフトバンクグループ（9984）の15分足チャートです。最終日の前日では寄り付きから安く始まっており、前日の安値を下抜けマイナス2σにタッチしています。
この時の値動きをローソク足とボリンジャーバンドだけで確認していると、それからさらに下げるような可能性も考えられなくはありませんが、RCIを見てみると長期線、短期線の両方が前日の引け付近から売られ過ぎの水準にあり、ローソク足がボ

リンジャーバンドのマイナス２σにタッチした時点で、横ばいになり始めたＲＣＩが切り上げています。

最終日の11時付近で出た陰線が下ヒゲを付けましたが、その後のローソク足は陽線が続いて切り上げてきており、ボリンジャーバンドも横ばいになってきているので、この矢印のポイントでエントリーすることができます。

ここで買うこと

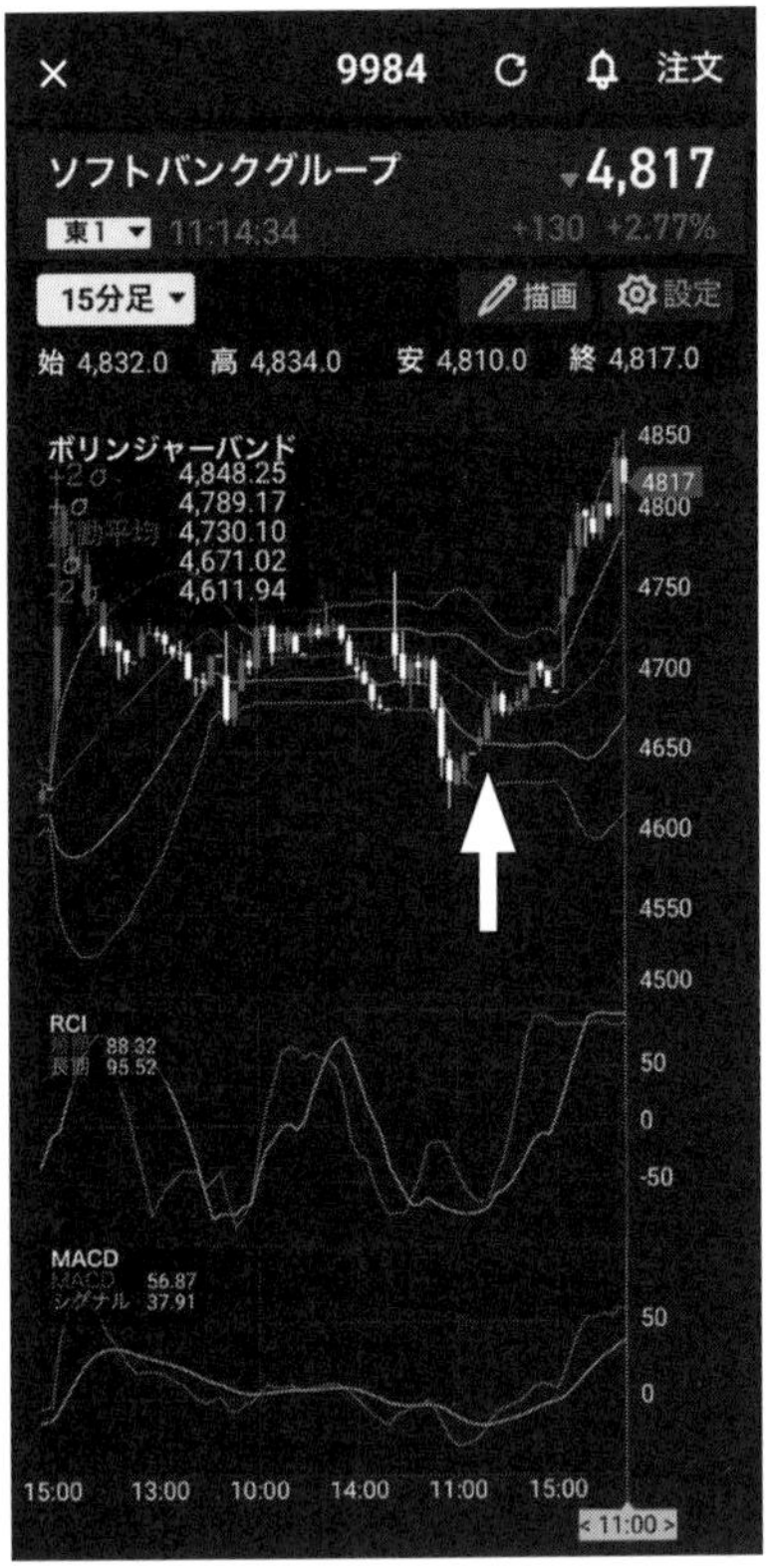

ソフトバンクグループ15分足

ができていれば、デイトレードの場合は引け付近で決済、持ち越す場合は翌日の寄り付きでプラス２σにタッチ、ＲＣＩも天井になっているので矢印のポイントで決済することで、**約100円の値幅を1日で**取れたことになります。

安川電機（6506）

最後は、安川電機（６５０６）の日足チャートです。このチャートは非常に特徴的で、まず全体を俯瞰してみると6月の安値と8月の安値がダブルボトムになっており、その間の7月につけた二つの高値がダブルトップになっています。

こうしたチャート形状は私の手法と大変相性が良く、取引チャンスも複数取れる可能性が高いです。ただ、あくまでこのチャートをキャプチャした時点から見ているからこそ、5月から9月の間でこうしたチャートの形になっている、ということがわかりますが、実際にトレードする際には未来の値動きを確認できないので、どこでダブルトップになるのかということはわかりません。

ただし、私がオリジナルで作成した**株日誌**をつけることで、たとえば前回の安値が3000円付近にあることがわかっていれば、7月末時点でチャートを見るとさらに株価

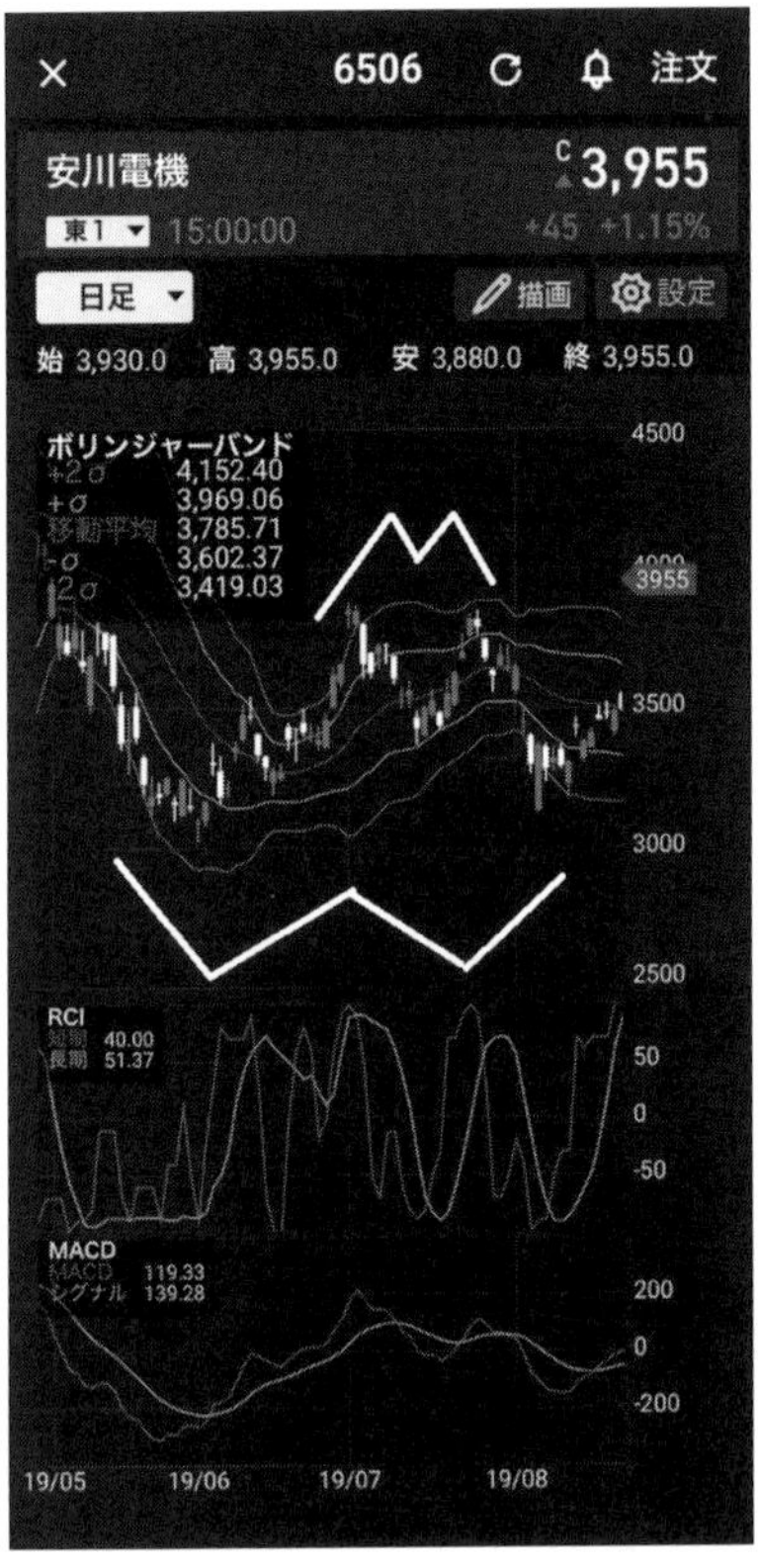

安川電機　日足　①

が下げたときに意識されるのは前回安値付近だと判断できますし、前回安値付近で大きく反発するようであればダブルボトムになりそうだなということが、ある程度想定できるようになるので活用してみてください。

このチャートでは取引ポイントが複数あって、一つ目は最初の矢印の買いポイントです。5月にマイナス2σにタッチしてから、ローソク足はマイナス1σとマイナス2σの

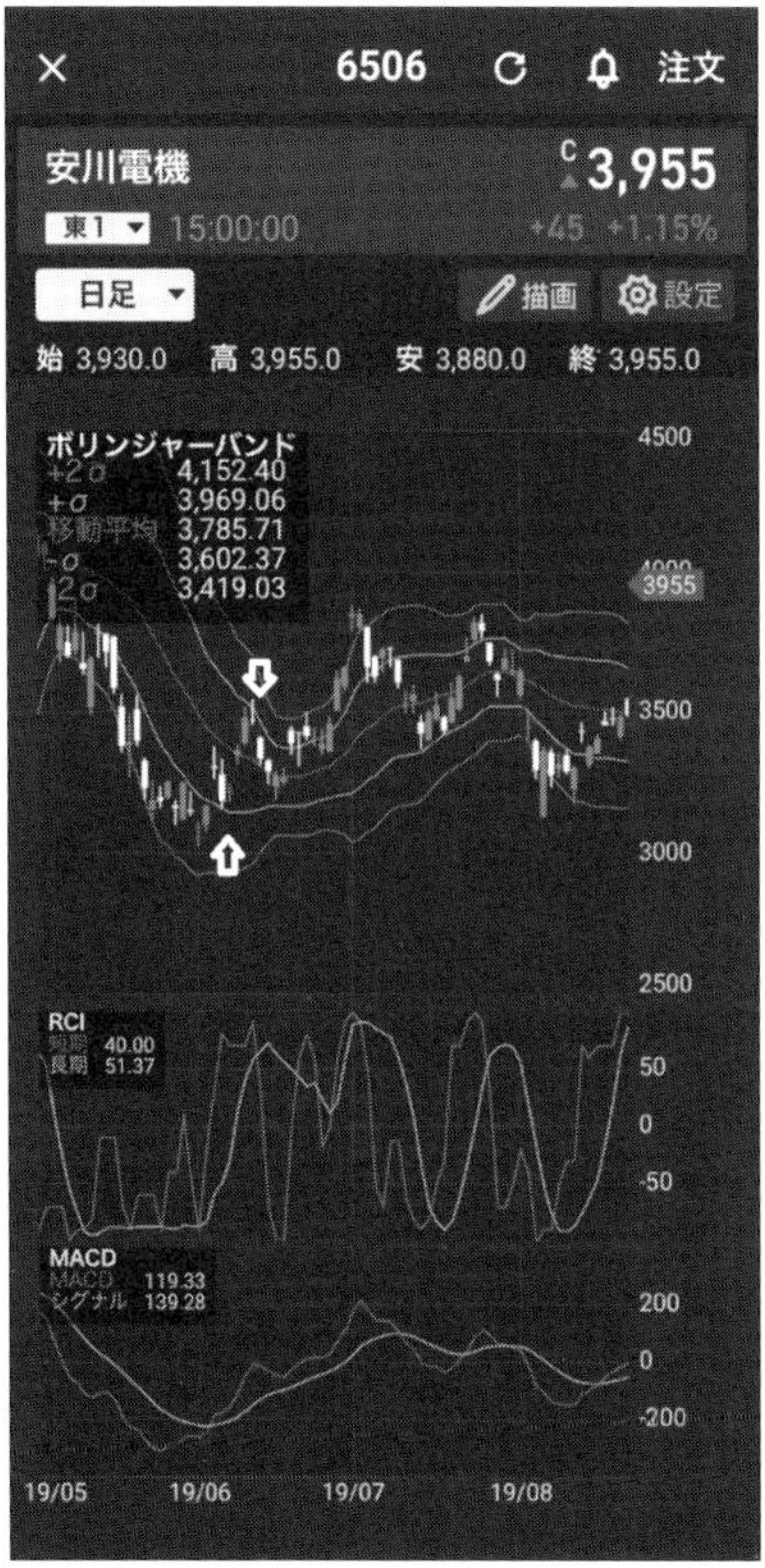

安川電機　日足　②

間でしばらく動いていきます。これは**「バンドウォーク」**と言って下向きの動きが強い状態で、マイナス２σにタッチしたといっても、買いでエントリーするには底打ちを確認しなければなりません。

５月の終盤に入ると、ボリンジャーバンドの傾きが徐々に緩やかになり、ＲＣＩを見ると長期線は５月の始め頃には底打ちしたあと、徐々に切り上がってきています。最終的に６月３日に長い下ヒゲが出たあとに、次のローソク足が切り上がっていて、ＲＣＩの短期線も、長期線に一度触れた後に上昇していきました。このタイミングが最初のエントリーポイントです。

結果的にこの値動きは７月の初めに３８００円付近まで上昇していますが、慎重に行くなら６月半ばにプラス２σに近づいたタイミング（細かく見ればプラス１σにタッチしただけですが）は、ＲＣＩを見ると短期線、長期線とも買われ過ぎの水準に近づいています。そこから先、価格が伸びていくかどうかは結果論ですし、**およそ６**

営業日で400円ほどの値幅を取れているので、矢印のポイントで利確したほうが良いでしょう。

次のエントリーポイントは、7月初めにボリンジャーバンドがプラス2σにタッチしたところに合わせての空売りです。このとき注目したいのが、7月1日のローソク足が、6月最終日につけた高値から大きく窓を開けて上昇していることです。

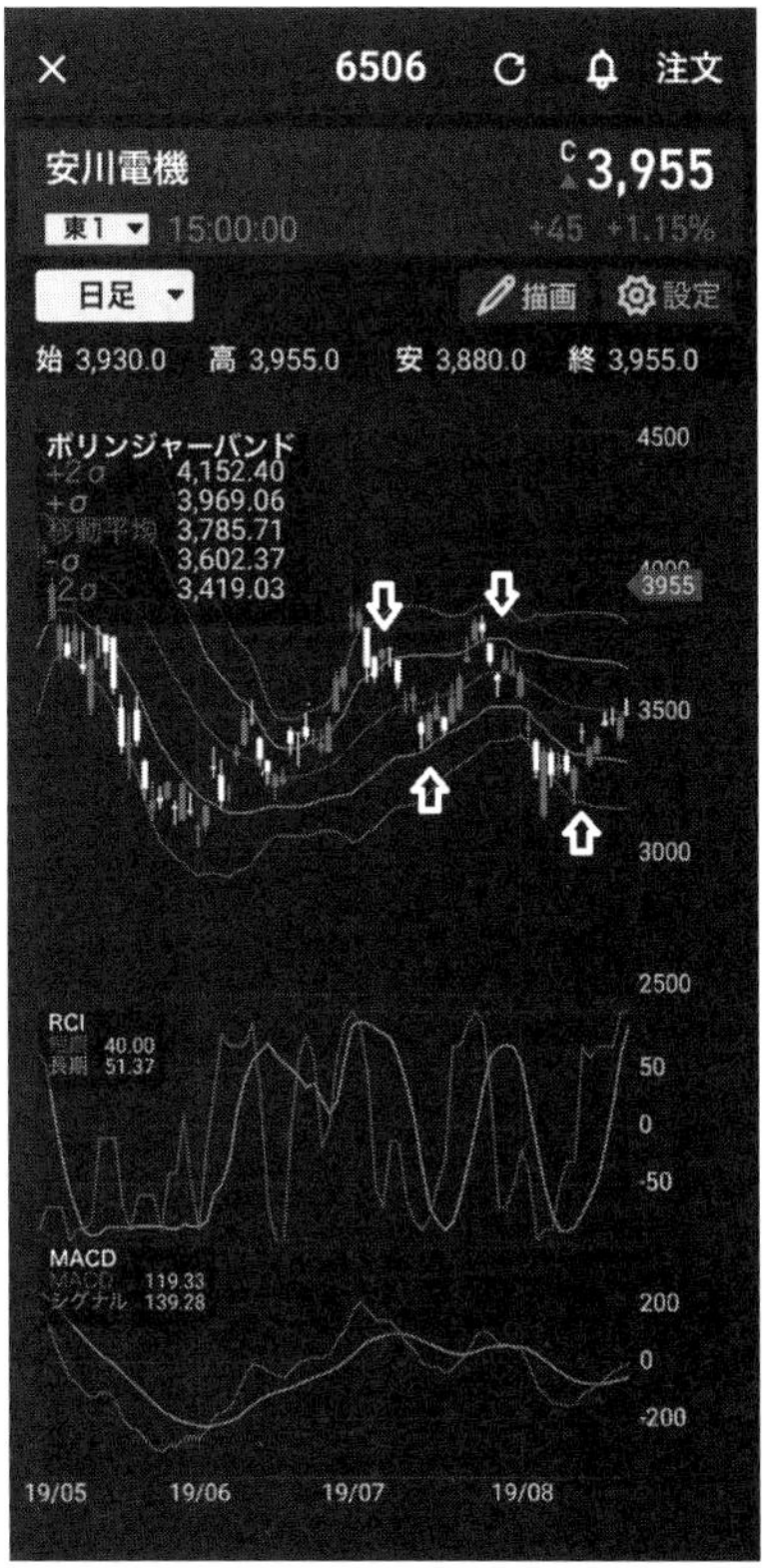

安川電機　日足　③

日本郵船のところで説明したように、ボリンジャーバンドとの関係性を見てみると、プラス２σから大きく離れています。こうした動きをした後は、天井を確認した後にプラス２σの中に戻す動きが強くなるので、エントリーの大きなチャンスとなります。

ＲＣＩを見ても長期線が買われ過ぎの水準から下向きになってきており、短期線もともに切り下げているので、矢印のポイントで空売りのエントリーができます。

利確は先ほどと同様、ボリンジャーバンドはマイナス１σにタッチしていますが、ＲＣＩを見ると短期線、長期線の順で切り上げてきているので矢印のポイントで利確します。ここでは**５営業日で５００円ほどの値幅を取れたこと**になります。

その後、価格は7月中にもう一度先ほどの高値を目指して上昇を始めました。この時に注目したいのが「その上昇の動きが前回の高値を超えて行くかどうか」というところです。

市場の心理として、前回の高値が３９００円付近に到達した後に下げているということは、今回も同じ動きになるのではと考えられやすくなりますし、本当にそうなれば**「ダブルトップ」という形になり、下げていくサイン**となります。

少し細かく説明すると、安いところで買っていて、前回高値を超える値動きをすることで、さらに利益を出したいと思ってる人にとっては「ダブルトップになるかも」という懸念は強気で持ち続ける意欲を削がれますし、「どこで空売りしようかな」と考えている人にとっては、ダブルトップができたら売ろうと考えているので、空売りがしやすい状況です。

そうした背景を踏まえてチャートを見てみると、前回の高値３９００円付近にはボリンジャーバンドのプラス２σが横ばいで待ち構えていますし、ローソク足がプラス２σ付近で陰線が出て次のローソク足で切り下がっています。
ＲＣＩを見てみても、短期線は天井付近で売られ過ぎから下向きに変わり、長期線もそれに続く形で7月後半にかけて下向きに変わっています。

短期線の切り下げで売るには早いかもしれませんが、その後の様子を見て売りで入るということはできますし、ボリンジャーバンドのマイナス2σにタッチした3300円付近で買い戻すことで**500~600円ほどの値幅**が取れます。

最後は、8月初めの安値付近での買いエントリーです。6月につけた安値に向けて価格が下降しており、先ほどのダブルトップの反対で、今度はダブルボトムを作るかどうかに注目します。

8月の4本目のローソク足で大きくマイナス2σを超えていますが、次のローソク足ではマイナス2σの中に戻る値動きになっています。ここでエントリーをするのはRCIが底打ちしていていないので少し早いと判断できますが、その後を見ていくと、ボリンジャーバンドが横向きになってきて、RCIも長期線と短期線が底打ちから切り上げてきていますし、ローソク足が前の足を切り上げた矢印のタイミングで買いエントリーをすることができます。

ここまで、3つの銘柄のチャートを使って解説をしていきましたが、ミリオネア投資家クラブでは今回のように、こうした実際のチャートを使った事例をもとに検証し、さらにトレードの技術を高めてもらうための授業を行っています。

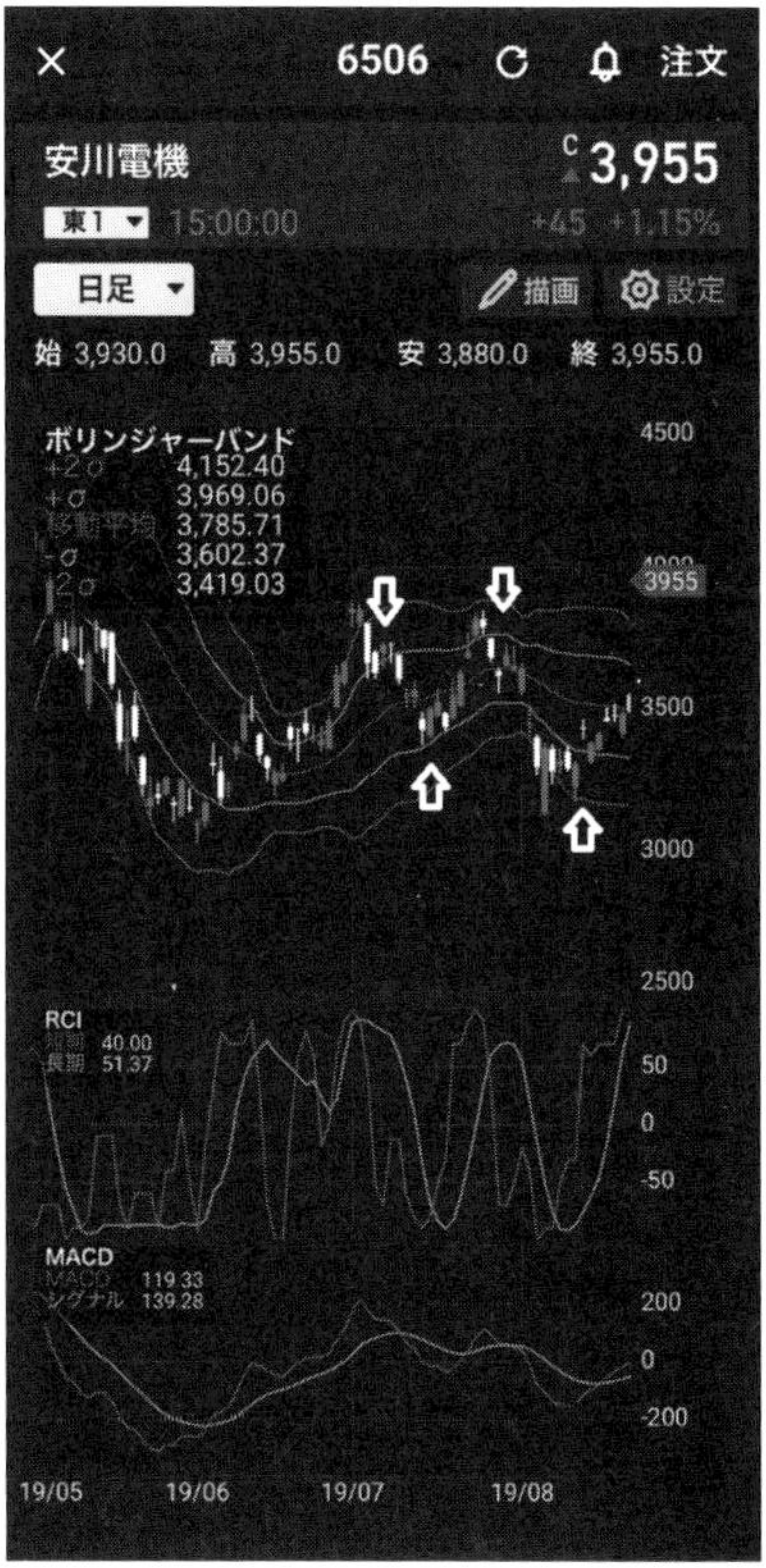

安川電機　日足　④

私も、ボリンジャーバンドやRCIを組み合わせた手法を思いついてからは、とにかく色々な銘柄のチャートを見ながら、取引するタイミングや利確のポイントを研究していきました。本当のトレード技術を身につけるためには、手法を学んだその先、検証を重ねて深く研究し、自分のものにしていく必要があります。

第1章
第2章
第3章
第4章
第5章
第6章

章のまとめ

●買いしかやらないのはもったいない。空売りを使って、チャンスを増やす
●±2σに触れずに大きく超えていく動きがあれば、底打ち・天井確認後にトレードチャンス
●ダブルボトムやダブルトップなどのパターンと合わせて見ることで、勝率が上がる
●利確の目標は±2σ付近。そこから先、価格が上昇してもそれは結果論
●ミリオネア投資家クラブでは、実際のチャートを使って検証する授業を行っている

第5章 値幅トレーニングツールで徹底的に練習する

「値幅トレーニングツール」で高沢式トレード手法を完璧にマスターする

値幅トレーニングツールとは、ざっくり説明すると過去の株価チャートを使って、バーチャル上で本番環境と同じテクニカル指標を使った分析を使った売買のシミュレーションを行うことができるソフトのことです。

トレードの練習を行う場合、最も重要なのは「この先の値動きがわからない状態を作り出す」ことです。この状態で、自分の使っている分析手法が出すエントリーサインに従ってトレードを繰り返していくと、
「どのような銘柄や状況が得意な場面なのか？」
「○○のような値動きの時は手を出さないほうがいいな……」
というようなことが、体感として理解できるようになってきます。

一般的な投資家は、バーチャルな環境で練習することが難しいので、この感覚を自己資金を使って時には損を出しながら、徐々に理解していくわけです。一方で、値幅トレーニングツールを使えば、過去チャートから好きなタイミングで期間を選んで手法の検証を行うことができますし、自己資金を使う必要はありません。

また、値幅トレーニングツールは、私の投資理論をより良い環境で練習してもらえるように！　という思いで私が開発したものです。

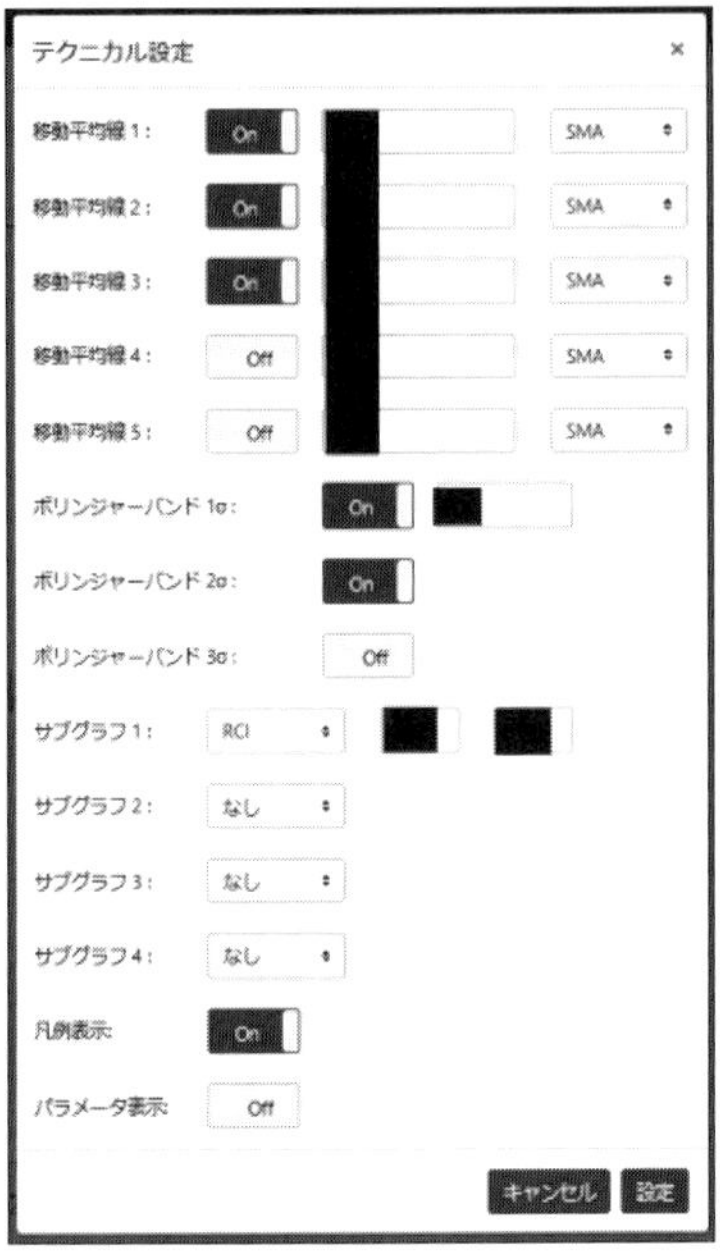

先ほどから解説してきた、BB（ボリンジャーバンド）・RCI・移動平均線、といったテクニカル指標は、当然チャート上に表示することができますし、各テクニカル指標は本数を減らしたり、パラメーターを変更するといったことも自由に設定することができます。各テクニカ

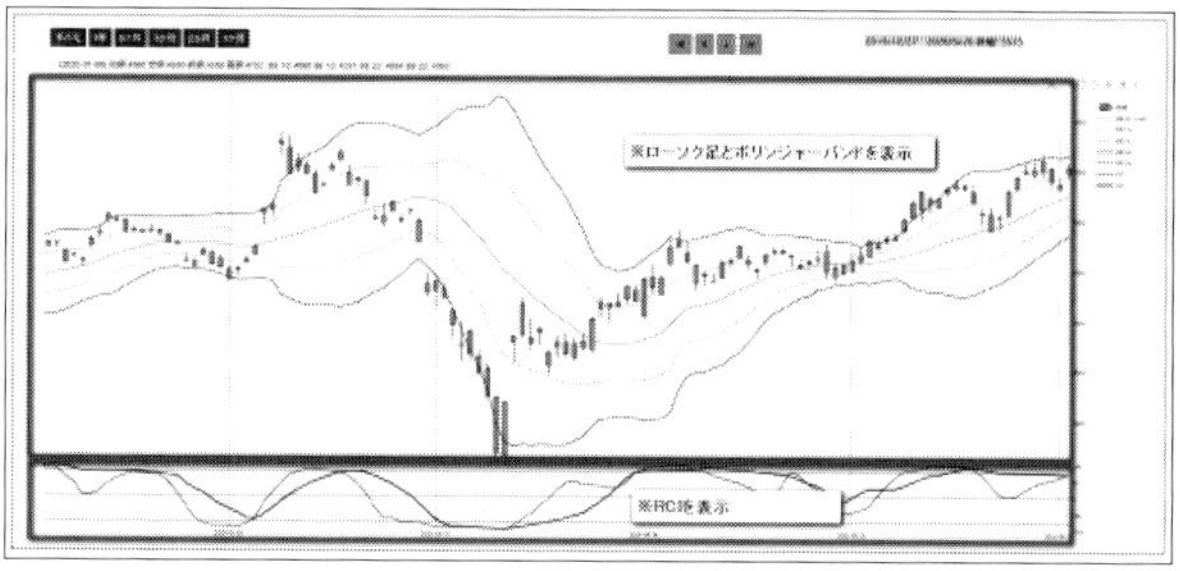

ル（移動平均線、ボリンジャー、ＲＣＩ）の設定に関しては、市況環境により変化することもありますので、値幅トレーニングツールのご利用申請をいただいた方だけにお伝えしています。
上の画像が実際の値幅トレーニングツールをキャプチャしたもので、テクニカル指標は高沢式のパラメーター設定をしたボリンジャーバンドとＲＣＩを表示しています。
ローソク足とボリンジャーバンド以外に、移動平均線（最大５つ分）を表示させることもできます。他にも、ＲＳＩ、ＭＡＣＤ、出来高などを表示させることも可能となっています。
自分の必要なテクニカルのみを表示させることができる

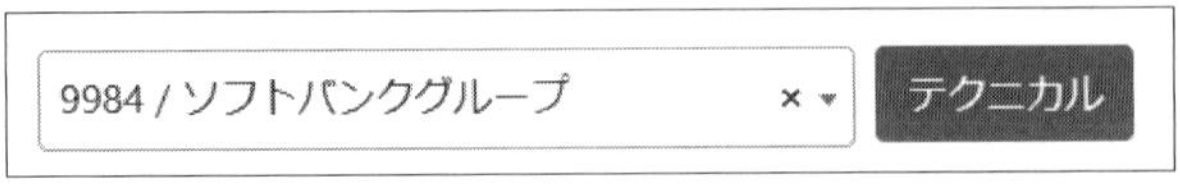

ことも非常に魅力的です。

この値幅トレーニングツールには、「デモトレード機能」が搭載されております。

デモトレード機能では、過去のチャートを元にバーチャルトレードができる機能となっています。学んだ知識をいきなりリアルマネーを使って実践するのではなく、まずは、練習環境で経験を積んでいくためのモノとなります。

今回のトレーニングで選択する銘柄は、先ほどの画面左上に表示されている「９９８４：ソフトバンクグループ」としてみます。

銘柄を選択してトレーニングを行っていきます。

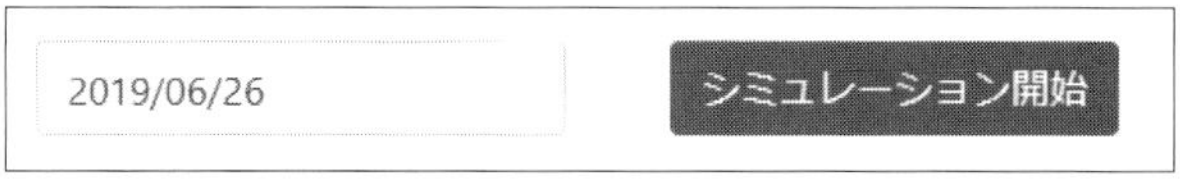

画面右上にある、「シミュレーション開始」をクリックします。
※今回の設定だと、２０１９年６月26日からのトレードを行い、購入単元数が「１００」の設定値でデモトレードを行うこととなります。
チャート上に、このような「小窓」が表示されます。

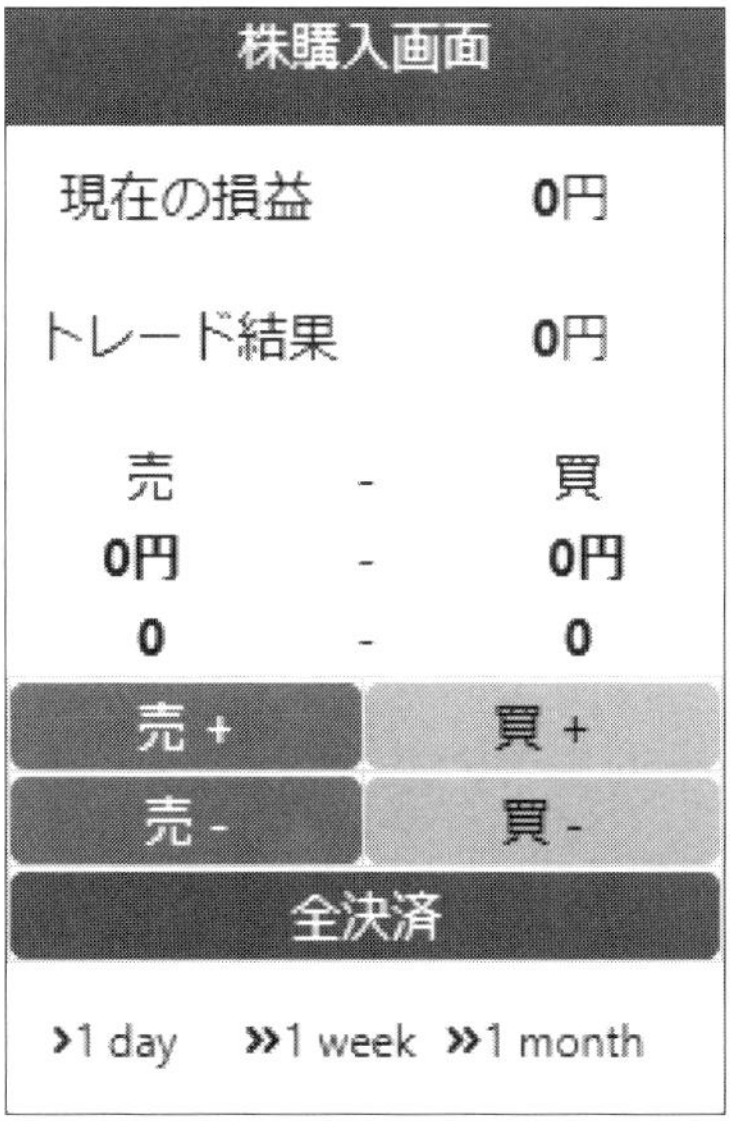

売＋をクリックすると「空売り」の売りエント

リーができます。

売－をクリックすると「空売り」の買い戻し（決済）ができます。

買＋をクリックすると、買いエントリーができます。

買－をクリックすると、買いエントリーの決済ができます。

全決済をクリックすると、所有しているポジションを全決済します。１日単位、１週間、１カ月単位での日送りができるようになっています。

では、実際にトレーニングを行っていきましょう。

「１ＤＡＹ」をクリックしながら日送りし、焦らず、無理なエントリーをしないようタイミングが来るまでじっと我慢します。

買いエントリーチャンスが来たら、買＋をクリックします。


これで100株買うことができました。今回は200株分買うことにするので、買＋を2回クリックします。

これで、200株分を、取得単価4947円で持つことができました。では、先に進めていきます。

売りのタイミングがきたので、

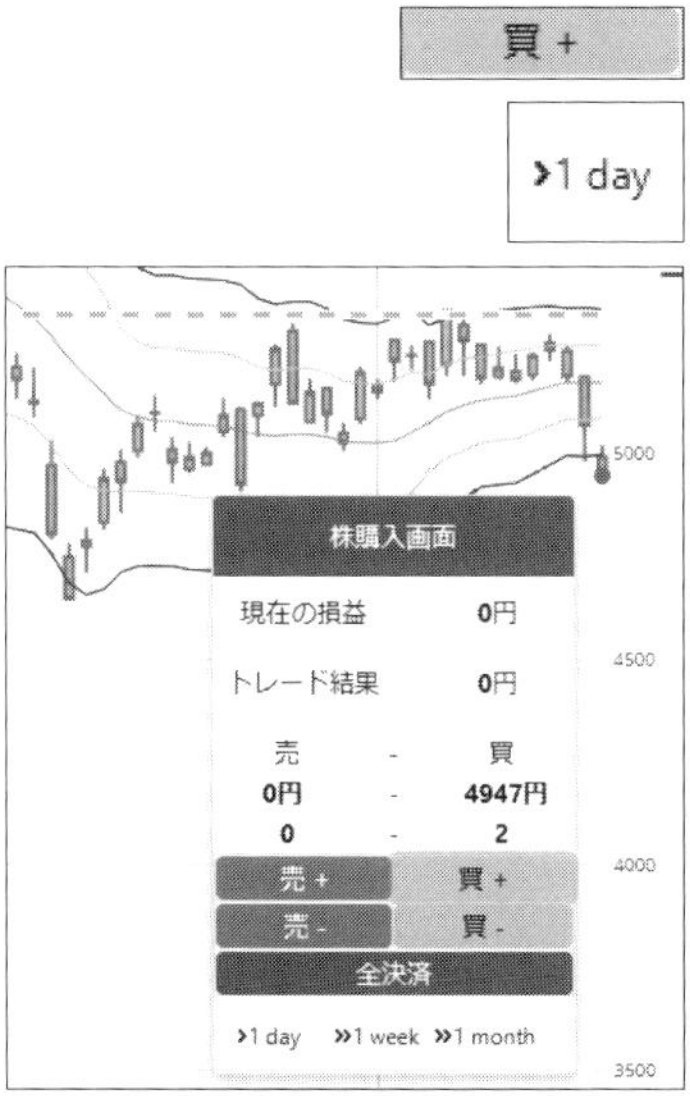

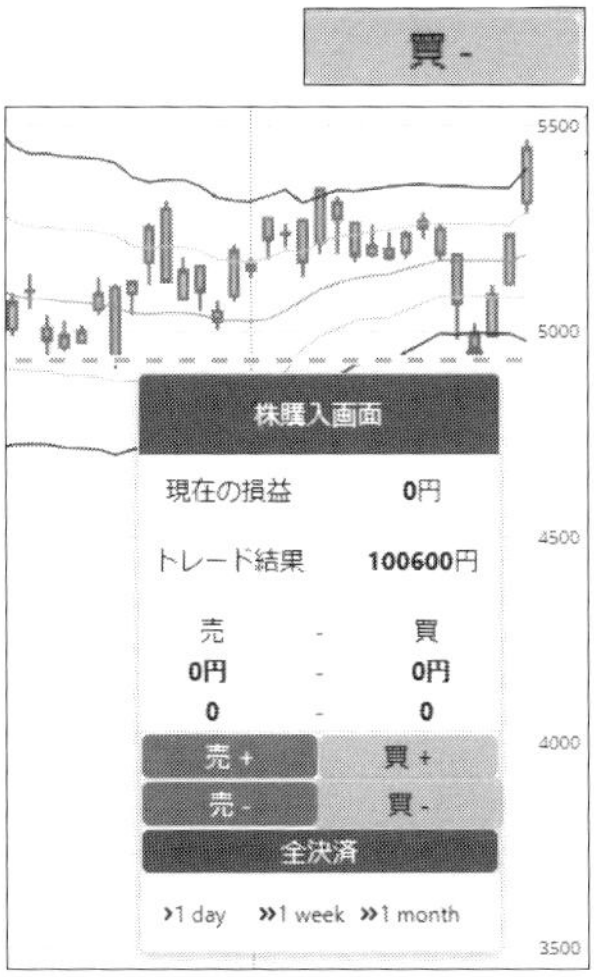

買－をクリックして決済をします。
約10万円の利益の出るトレードができました。

次に同様に、空売りをやってみましょう。
空売りエントリーチャンスがきたら、売＋をクリックします。２００株分エントリーしました。

空売りは、株価が下がることを予想するエントリー方法なので、株価が下落したタイミングで決済

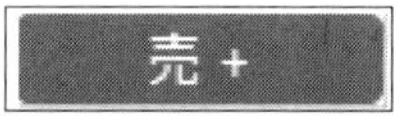

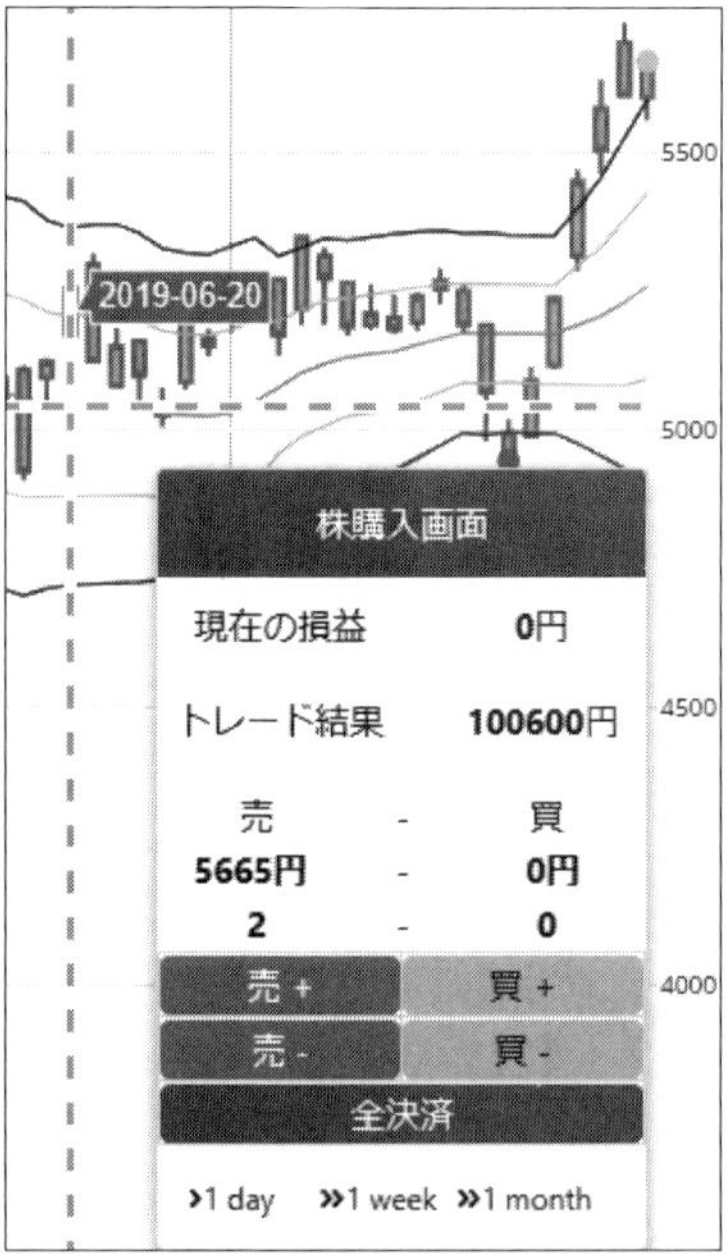

をします。決済のタイミングとなりましたので、
売－（または全決済）をクリックして、決済、手仕舞いしました。
今回のトレードで約22万円のトレード利益を得ることができました。
2回のデモトレードで、約32万円の利益となりました。

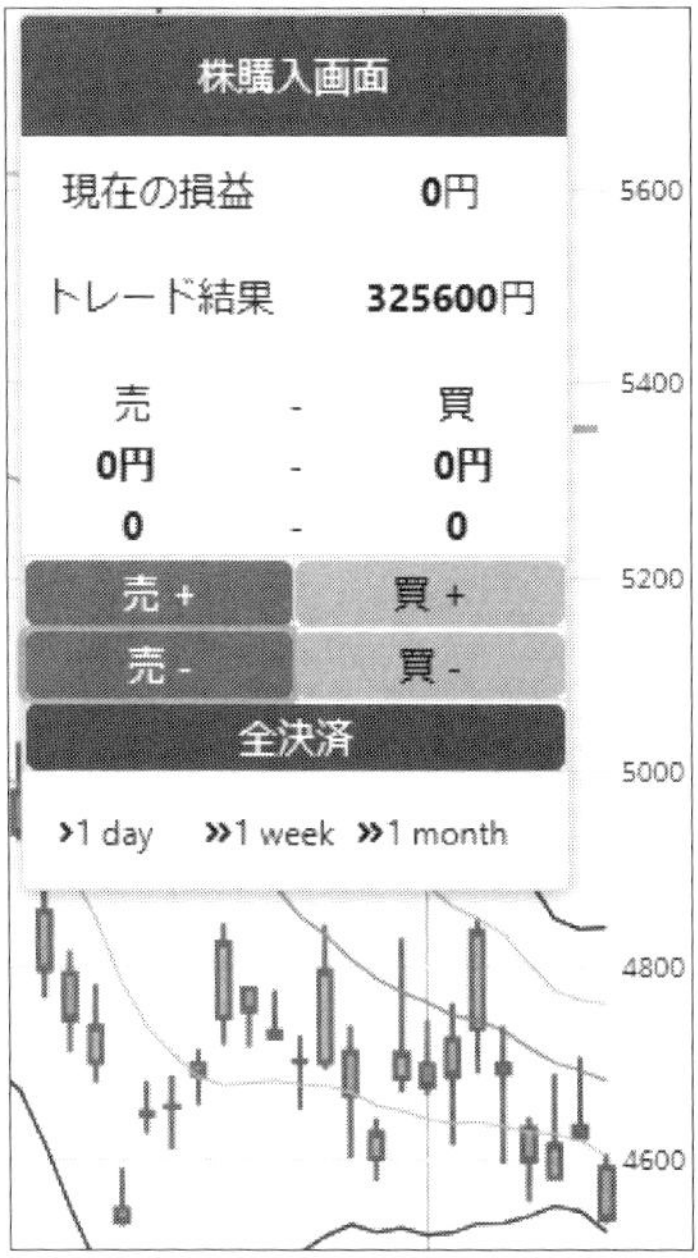

この作業を繰り返して、トレーニングを行っていきます。

トレーニングを終了するには、シミュレーション終了ボタンをクリックします。

トレーニング結果は、ログとして残っていますので、そちらを確認します。

テーブル形式で、一目で利益、損益、合計利益がわかるようになっています。

また、「売買履歴」をクリックすると、1回1回のエントリーでどのような結果になったのか？　を確認することができます。

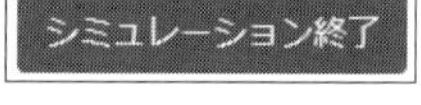

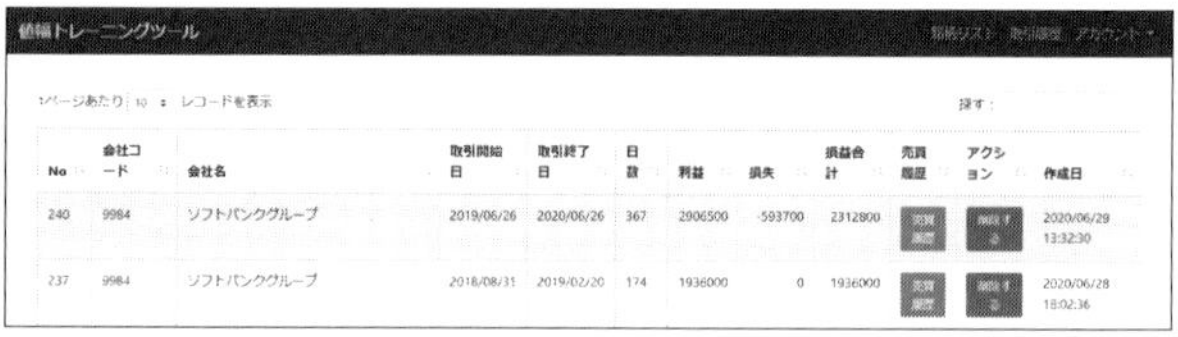
1ページあたり 10 レコードを表示
探す：

No	会社コード	会社名	取引開始日	取引終了日	日数	利益	損失	損益合計	売買履歴	アクション	作成日
240	9984	ソフトバンクグループ	2019/06/26	2020/06/26	367	2906500	-593700	2312800			2020/06/29 13:32:30
237	9984	ソフトバンクグループ	2018/08/31	2019/02/20	174	1936000	0	1936000			2020/06/28 18:02:36

このように実際にデモトレードをしながら、トレードの精度を高め、一定の結果が出せるようになってから実際のお金を使ったリアルトレードを行うようにしていくことをお勧めしています。

たとえば、自転車に乗る時も補助輪ありから練習しますよね？

補助輪なしでいきなり練習すると、大怪我になりかねません。株式投資も同様です。知識、経験がないままむやみやたらと適当にトレードをすると、失敗することは目に見えています。

だからこそ、まずは、値幅トレーニングツールで練習をして、自信を付けてから本番環境で挑むこと

240/ソフトバンクグループ(9984)/2019/06/26 - 2020/06/26

No	日時	株価	買平均株価	売平均株価	買枚数	売枚数	利益	損失	損益合計
240	2020/06/26	5533	0	0	0	0	0	0	2312800
240	2020/06/24	5396	5396	0	1000	0	0	-471000	2312800
240	2020/06/01	5018	0	4925	0	500	0	0	2783800
240	2020/05/29	4832	0	4832	0	500	0	0	2783800
240	2020/04/17	4735	0	4735	0	1400	1176100	0	2783800
240	2020/03/17	3643	3895	0	700	0	0	0	1607700
240	2020/03/12	3964	4147	0	300	0	0	0	1607700
240	2020/03/09	4284	4284	0	400	0	0	0	1607700
240	2020/03/09	4284	4284	0	1000	0	983200	0	1607700
240	2020/02/13	5458	0	5267	0	400	0	0	624500
240	2020/02/10	5140	0	5140	0	600	0	0	624500
240	2020/02/07	5064	0	5064	0	300	168600	0	624500

にしましょう！

トレードして上手くいかなかった時は、その理由を考えて改善し、次のトレードで実行するということを何度も繰り返し練習をすることで、高沢式トレード手法を素早く身につけることができるようになります。

「はじめに」でご紹介したように、高沢健太の公式ＬＩＮＥアカウントに「トレーニング」とメッセージを送ってもらえれば、こちらで紹介した値幅トレーニングツールを無料でプレゼントさせていただきます。

本書を読んだ皆さんの中には「高沢式って本当に儲かるのかな……」と疑問に思う方もいるかもしれませんが、値幅トレーニングツールはまさにそんな方に試してもらいたいのです。

私のトレードの理論を理解してもらうために最適な練習環境が、値幅トレーニングツールに備わっています。

本書の内容を、値幅トレーニングツールで実践してみてください。使い方がわからない方もいらっしゃると思いますので、動画での操作方法の解説もご用意させていただいていますのでご安心ください。

第6章

トレードで勝つための順序を確認せよ

どうやったら勝てるようになるのか？
それは「負けない方法を考える」こと

ここからは、**どうやって生徒が勝てるようになったか**ということをお伝えしていきたいと思います。

ミリオネア投資家クラブでは、私が専業投資家として勝てるようになった要因や経験談からエッセンスを抽出して、それを体系的にまとめたものを授業の中でお話しています。

私が勝てるようになった要因は、ボリンジャーバンドとRCIを深く極めたという部分ももちろんありますが、その根幹は、逆説的ですが**「負けない方法を考えた」**というところから始まっています。

実績の紹介でも説明しましたが、私は株を始めて以来、1年5カ月で資産が億を超えました。しかし、これは大きく急騰するような銘柄に集中投資してギャンブルのような形で稼いだわけではなく、例えば1010円の株が1060円に値上がりしたら売って50円の値幅をとるというようなトレードの積み重ねで、資産を大きくしていきます。

「そんな小さな金額で勝てるのか」と思う人もいるかもしれませんが、ここが私の取引手法において最も重要な部分で、**たとえ取れる値幅が50円であっても１０００株買っていれば5万円のプラス**になります。50円程度の値幅であれば、少なくとも１日に１度は取れるチャンスがあるので、つまり**１日に5万円を稼げるということは、仮に市場の営業日が20日だとして１カ月で１００万円の利益**になります。

これは毎日勝てたらという話ですが、私のトレードにおいてトレードの成功率は80％以上ありますし、大きな値幅を狙わない分、大負けすることもありません。

80％以上の勝率を根拠に、相場でコツコツとトレードを繰り返していく、これが高沢式トレード手法の根本的な考え方です。

毎日小銭を少しずつ稼いでいくイメージなので、私はこの投資における考え方を「チャリンチャリン投資法」と呼んでいて、重要なのは少しずつ小銭を積み上げて資金を大きく増やしていく、そのイメージをまず生徒にも説明しています。この本を読んでいる皆さんも参考にしてみてください。

ただ、この考え方に至るまでに失敗もしてきています。先ほど説明したように、今の手法が確立する前は根拠のないトレードをしていて、なんとなく見つけた銘柄でビギナーズラックで勝てるときもありましたが、それを続けていくうちに一度で24万円の負けを食らってしまいました。

当時、投資資金は100万円からスタートしましたし（しかも借金で作ったものです）、その中で24万円という金額は私にとって相当なダメージがありました。そんな状況での損失だったので、事の大きさにハッとして「この調子でトレードをやっていれば退場してしまう」と思い至り、そこで初めて株式投資に本気で取り組もうと決めたのです。この経験から、クラブ生には自分のような失敗をしてほしくないと考え、徹底的に練習してもらう環境を提供するようになったのです。

いきなりトレードする前に二つの段階で練習しろ！

投資の世界では個人投資家の9割以上が負けていると言われていますが、その原因の一つとして相場経験が浅いと思わぬ事態に遭遇したときに、メンタルがブレてしまうという点があります。

自分のお金がリアルタイムで増減をするという経験は、投資歴が浅い人にとってはあまりなじみのないものですし、仮に10回中9回勝っていてもメンタルのブレによって、その9回勝った利益をすべて吐き出してしまうといったこともよくある話です。

要は**場慣れしていないのに、いきなり本番に飛び出すからこそ失敗する**ということで、私自身は失敗から学び勝ち続けることができましたが、根拠のあるトレードができる前に資金をなくして退場してしまっては元も子もありません。

そうした思いがあったので、クラブ生には自己資金を使ったトレードを始める前に二つのステップを踏んでもらっています。

まず、最初のステップが高沢式トレード手法の**「完コピ」**です。

クラブ生には本書でご紹介した「ボリンジャーバンド＋ＲＣＩ」といった手法の理解はもちろん、運用していく際のルールや銘柄の選び方などを、会員サイトや毎月のセミナーなどを通じて徹底的に学んでもらっています。

また、漠然と学ぶだけではなく、自分なりの気づきなどを含めて何度も動画を見直して、高沢式トレード手法を完コピするまで理解してもらうのです。

完コピができたら、**次のステップが「練習」です**。

練習は、先ほどご紹介した値幅トレーニングツールで行います。

説明したように、値幅トレーニングツールは過去の取引データが残せるので、ここで**勝率7～8割**が達成できるようになったら、ようやく自己資金を使ったトレードに移行してもらっています。

最初のステップで手法を完コピしていたとしても、最初からリアルな値動きの中で正しい判断ができる人はほとんどいないからこそ、こうしたバーチャルな環境で練習する必要があるのです。

ここで7〜8割の勝率を出すことができれば、本番に移行しても自分のトレードに対して自信（根拠）を持つことができ、それが最終的に「利益」につながります。

練習と本番には違いがある！より厳密に株価を見るように心掛けろ

値幅トレーニングツールで十分に検証を繰り返し、根拠のあるトレードができるようになったらいざ本番です。

実際のトレードに移行する際に注意してもらいたいのが、**値幅トレーニングツールと本番で若干の違いがある**という点です。もちろん、基本的な売買の仕組みは同じですが、例えば値幅トレーニングツールでは自分が買いたいと思ったタイミングでいつでも売買が可能ですが、実際のトレードでは**板次第で自分の注文が完全に意図した価格で通らない**ということがあります。

「板」とは下の画像にあるように、株取引において売りたい人と買いたい人が出している指値注文を表にしたものです。板の左側は売りたい人が出している枚数で、右は買いたい人の出している枚数です。

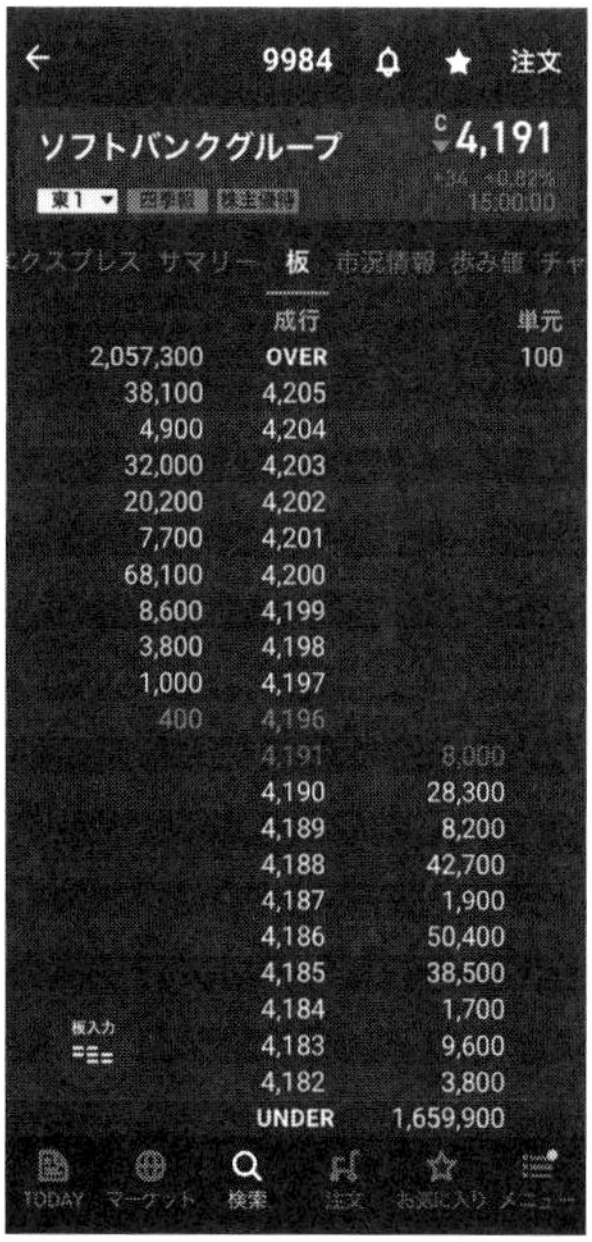

板の画像

例えば現在価格が１０００円で株価が上昇していき、１１００円で１００株売りたい人と１１００円で１００株を買いたい人の板が一致すれば、そこで売買が成立します。つまり株取引とは売りたい人と買いたい人の需要と供給によって価格が決められているということです。

ただ、すべての価格帯に同じ枚数の注文があるわけではありませんし、仮に１０００円で指値を出していて、チャート上で１０００円をつけたとしても場合によっては買えないこともあります。これが本番口座とエアトレードの違いです。

本番ではこうした違いも踏まえてトレードする必要があるので、エアトレードでは大雑把に注文を出しても買えたことになりますが、本番ではより厳密に指値を出すポイントを定めておかないと、意図した注文が入らないという可能性もあります。

ただしこれはスキャルピングやデイトレードなど時間軸が短くなるほどより厳密に

なるという話で、例えばスイングのような時間軸で売買を行う場合はあまり気にする必要はありません。

また、値幅トレーニングツールから本番口座に移行する際にもう一つ重要なのが、**とにかくロットを下げる**ということです。値幅トレーニングツールで高い勝率を出せるようになったとしても、信用取引でいきなりレバレッジをかけてトレードするようなことはやってはいけません。

まずは最低単元から取引を始めて、値幅トレーニングツールと本番口座の違いを把握した上で売買に慣れていき、同じようなパフォーマンスを出せるようになれば、徐々にロットを上げていけばいいのです。

根拠のあるトレードができれば運用資産が億でも100万円でも関係ない

基本的にはここまでの行程を、クラブの受講期間内にやれるようになるはずです。

ただ「根拠のあるトレード」ができるようになる、ということはあくまでスタートに過ぎず、私も「皆さんに億トレになっていただきたい」という思いをもってこのクラブを主催していますし、それを目標にして欲しいと考えています。

生徒の中には習ったことを忠実にやり、この時点で勝てるようになったという話もよく聞きますが、一方で大きな資金を動かすためには、それに見合った資金管理のスキルを向上させて、損益の額が大きくなっていくことに慣れていく必要があります。

トレード資金が増えていくこと自体が悪いわけではないのですが、急激に資金が増減して自分の許容できる範囲を超えてしまうと、エアトレードや最小ロットでのトレードではしっかりできていたことができなくなったり、ミリオネア投資家クラブに通う前の感覚的なやり方に戻して大負けする、といった話もよく聞くので注意しておかなければなりません。

資産の増減で相場への向き合い方や判断が変わったりするようでは「手法を身につけた」ということになりません。**私はこれまで培ってきたトレード技術に自信を持っていますし、運用資産が億を超えていても、反対に100万円でもやることは変わりません。**

勝てる環境に身を置いておく

株式市場には皆さんのような個人投資家をはじめ、国内外の金融機関のトレーダーやファンドなど、様々な人間が参加しています。したがって、トレードのキャリアが浅い人も、その道数十年のベテランも、ひいてはＡＩを駆使したシステムトレーダーも同じ土俵で勝負をしているということでもあります。

プロスポーツの世界にアマチュアの選手が練習もせずに参加しても勝ち目がないのと同じで、投資で負ける９割になりたくないのであれば、何らかのトレード技術を身につける必要があるのです。

それを独学でできる人はもちろんいると思いますが、その能力があったとしてもトレード技術を身につける前に大きな損失を経験したり、失敗を繰り返すなかで具体的に何を学べばよいのかがわからず、諦めてしまうということは誰にでも起こりうることです。それにほとんどの人が普段自分の仕事を持っているでしょうし、投資の勉強に割ける時間も限られていて、そうした状況では利益につながらない手法を学ぶこと自体が損失です。

これは失敗をしつつ成長してきた私の経験から言えることですが、先ほどお伝えしたことに対して少しでも不安があるようであれば、独学ではなく**「勝てる環境に身を置いたほうがよい」**と自信を持って言うことができます。

ミリオネア投資家クラブでは、短期間で億トレになった私自身の培ってきた手法を皆さんに学んでもらい、生徒が勝てるトレーダーになったという**「実績」**があります。

生徒の中には株取引未経験で入会した人や、70代後半からデイトレードを始めたという人なども在籍していますし、そういった方々が利益を出せるようになったということは、講師という立場から非常に自信になっています。

ここからは、実際にクラブで学んだ生徒さんに実際に話を聞き、生の声を取材しました。

加藤さん

40代　男性　兵庫県

知識ゼロ状態から、月に20〜30万円の利益を出せるようになりました

職業は自営業、投資歴は1年になります。

実は最初は全く株式投資に興味がなかったんです。

しかし本業が上手くいかずに、大ピンチに。「どうにか本業とは違う収入源を得ないと！」というすごい不安と恐怖にかられました。

それがきっかけで、株式投資をやってみようと思いました。

ただ、予備知識はゼロ状態。株式投資は9割の投資家が負けているっていうのを聞

いて、知識を得ようとインターネットで調べていました。

その時、高沢先生の記事を見つけました。

過去に、先生が私と同じように人生で大変な状況から苦労されたこと。1年半で一気にひっくり返したということ。私とすごく重なるというか、まさに自分自身だと思いました。

当時、本当に追い詰められていましたので、高沢先生に教えていただくことを決意しました。


実際に学んでみて、感想としては「とてもわかりやすい」の一言につきます。

これまで投資に関する本は一応読み漁ってきたのですが、読んでいるだけでは一切頭に入ってこなくて、わからないものが多かったんです。

クラブでは本当に初歩の初歩、証券口座を開設する方法などから丁寧に教えてくれたんです。当時証券口座さえ持っていなかったので、本当に助かりました。

高沢先生も「初心者にこそ学んでほしいクラブ」とおっしゃっていましたが、まさに私のことだと思いました。

全くゼロだからこそ、先生に教わった通りにトレードをするしかなかったんですね。そしたら勝てたんです。シンプルにそれだけです。もちろん全勝とかではなくて負けることもありましたが、トータルでみると勝てている、利益が出せている。

最初はロットを低くして、100株くらいでやっていました。

現金を突っ込み大損するわけにもいかないので、代わりに自分で何時何分に買ってという形で紙に書き始めました。

お金を入れないと高確率で勝てるのですが、実際のトレードをすると勝率が下がってしまう。この違いを検証して、埋める作業をしばらくやっていました。

原因がわかりました。紙では自分の買いたいと思ったタイミングで自由に買うことができますが、実際のトレードだと板の状況もあります。

約定しなかったり、数字の微妙な違いで買えなかったりすることがあるんです。これは利確も同じですね。

紙で検証するより「もっとピンポイントにしないと意味がない」ということが理解

できました。

オシレーターとかでもパラメーターの違いでズレが出てくるので、銘柄ごとに一番効いている数字を探すという検証をずっとやっていました。

その甲斐あって、今は少し地合いが難しい状況ですけれど、それでも月に20〜30万円の利益を出せるようになりました。

あとはロットを上げていくだけ、トレードの精度をあげることでもっと増やせると考えています。

今後、大きな目標というのはないのですが、本業のほうでコケたときの借金を綺麗にして、まず人生を丸ごと立て直したいっていうのが一番ですね。

当面の目標としては、株で月に100万円の利益を目指しています。

そう思えるようになったのも、先生に出会えてすごく冷静に前向きに気持ちが向いたっていうのも大きいです。

本業でコケたときに、家族にも話せないことが多くて正直本当に苦しかったんですが、今は生きていて良かったなと思えるようになっています。

塚本さん

79歳、年金生活ですが株式投資を楽しんでいます

70代　男性　千葉県

10月で79歳、仕事も完全に引退して年金生活です。中小企業の経営者を最後に、65歳で実質的に仕事を離れました。

株式投資歴でいうと30代の半ばごろからやっているので、40年近くになりますね。

ただ、当時は今のようにインターネット情報やツールもないので、新聞や証券会社の専門誌を見たりしていました。

馴染みの証券会社の営業マン経由で銘柄を選んで売買していたんですが、先方の話

を聞くだけの一方的な投資で大きい損失が出てしまったんです。

「このままでは資産が……」と今とは別の株式投資スクールに通いましたが、終わってみたら片手できかないくらい損失が膨らみました。

高沢先生のお話を聴く機会があったのは、まさにその時期です。

先生は、ボリンジャーバンドなどのテクニカルを使って小さい値幅を積み重ねていく独自の投資法を説明されていて、それを聞いてすぐ「こういう人の元で教わりたいな」と思ったのが第一印象でした。その後、先生の書籍「億トレ投資法」も読んですごくロジカル・明快に感じました。

こうした手法を深く知りたいなと思った時、クラブ募集の案内があったので真っ先に応募しました。

自分でも驚いたのは、先生に教えていただいた手法を実践した2019年の大発会から当たりに当たったことです。

1月は100万円以上、2~3月は毎月200万円ずつ、5月は1000万円も勝ててしまって、正直、自分自身が天才かなと思えるくらいでした。

ここで、私はやってはいけないことをしてしまいました。

つい、先生のルールを無視して、以前の感覚的なトレードに戻してしまったんです。途端に、約1000万円の含み損を抱えることになってしまいました。

その反省から、原点に戻ってロットを抑えながらやることに決めて、先生の教えを守って地道に動画を復習するようになりました。

最近は1日に何千万円も儲けようなんて思わずに、1日に5万円でも儲かればというスタンスに変わりました。無鉄砲なことはしなくなり、値動きが摑めてきました。

トレード時に、その欲をどれだけ抑えられるのかっていうのは重要なことだと思います。

その意味で、高沢先生の手法はきちっと型があるので非常に役に立っています。

クラブ生限定セミナーは、参加しなくても後で動画を見ることもできます。

しかし個人的に直で授業を受けると、肌感覚として微妙な声色とかで重要な箇所がどこなのか？　というのがわかります。

セミナーの後の懇親会も重要ですね。生徒同士だと、先生に直接聞けないようなことても根掘り葉掘り質問することもできます。

自分が株で儲かっていれば、その情報を交換することもできます。

やはり個人個人で得意分野があるので、小さな情報でも自分にとってみれば非常に有用なことも多いんですね。

そういう意味で、懇親会は一度も欠席したことはないです。それに私みたいに年をとってくると、若い人と話をすること自体が楽しくもあるし刺激にもなるという部分もあります。

良い意味で精神年齢が若い人が多くて、私を含めて好奇心が強いのかなという気がします。

人生100年時代と言われるように、今後日本が高齢化してくると、私にとってのトレードのように何か目標や刺激になるものが必要だと思います。

歳をとって家でじっとしているだけではなく、好奇心を持って学び実践できるというのは大変ありがたいですし、同時に資産が増える喜びも感じています。

斎藤さん

たった2カ月から利益を出せるようになり、3カ月目には利益が100万円を超えました

30代　女性　東京都

クラブに入るまで、株式投資は全くやったこともなく、自分とは遠い世界のことだと思っていました。

きっかけは「経済的に余裕のある生活がしたい」ということ。

子供も小学校に通うようになり、自分の時間が取れるようになりました。

ただ、夫の給与と私のパート代ではギリギリの生活レベルだったんです。

もう少しお金があれば、子供の進学や習い事を希望したときに金銭的な面で諦める

こともありません。

家族旅行も1年に1回くらい、ちょっぴり贅沢もしたいというのも本音でした。

「主婦でもできるような副業」を考えた時、勤め先の同僚が株式投資をしてると話していたので株式投資に決めました。

最初は右も左もわからない状態だったので、ネットなどで株式投資の情報収集。ある日、なにげなくSNSを見ていたら、株式投資ですごい先生がいると聞いてそこで高沢先生を知りました。

「億トレ投資法」書籍を購入してみると、初心者の私にとっても大変わかりやすく、直接教わってみたいなと思うようになったのです。

高沢先生がお子様の進学のために株式投資をされたということも、共感したポイントですね。

先生のセミナーに参加しましたが、内容も投資初心者の私にとって大変わかりやすく、人柄の部分にもすごく好感が持てました。

「高沢先生から学べば勝てるようになるのかもしれない」という想いが強くなり、クラブに入会を決意した次第です。

ただ、色々情報収集をしたとはいえ、株式投資を実際にしたことがない全くの初心者です。

クラブに入ってポジティブな気持ちになっていましたが、自分のお金がなくなる可能性を考えると正直不安もありました。

しかし、実際にはそんな不安もすぐに吹き飛びました。

受講1カ月目はデモトレードで8割以上の勝率を出せるということを検証して、2カ月目が終わるまではロットを最小限にしてとにかく相場に慣れるということを徹底しました。

3カ月目からはロットを上げても問題ないと判断し、結果的に100万円を超える利益を出すことができたんです。

最初の頃は正直、株式投資の知識もほぼなかったので、先生の話している言葉の意味さえわからないことが時々ありました。

ですが、クラブでは生徒だけが見られるコンテンツ動画やリアルセミナーの様子が専用サイトにアップされます。

先生も「普段の生活の中で動画を流しているだけでいいよ」と言ってくれたのでその言葉を信じて、例えば、子供が小学校に行った後、料理をしている時などに動画を繰り返し観る日が続きました。

そうやってわからないながらも続けていった結果、上手く言葉にできないのですが「あ、先生が言っているのはこういうことだったんだ」と気づく瞬間がありました。

その一つの気づきから、動画で話している他の内容もどんどんと繋がってきたんです。

そうなると、先生の言うようにルール通りにやれば、絶対に損をしないという確信も持てました。

一つ一つの判断に根拠を持ったトレードが、いつのまにかできるようになったのもこの頃です。

自分でも驚くような変化だと思いますし、正直最初は夫も少し不安を漏らしていましたが、今では喜んでくれており応援してくれています。

クラブで仲間ができたことも大きいですね。友人やママ友など、私の普段の交友関係の中では投資の話をすることはできません。

しかし、クラブの仲間は勉強熱心で気さくなので、同じ共通言語で投資について語り合えるのはかけがえのないことだと感じています。

通常のセミナー以外にも、投資仲間だけで集まって勉強する機会も大きな刺激になっています。

たった3カ月で私の人生がこれだけ変化したのは、高沢先生のおかげだと思っています。

今後は負けない投資を続け、コンスタントに利益を出していくことですね。

先生も「億トレまでは簡単」とおっしゃっているので、大きな目標ですが資産1億円まで増やせるよう努力を続けたいと思っています。

第1章
第2章
第3章
第4章
第5章
第6章

章のまとめ

●株式投資初心者でも、先生に教わった通りトレードをしたら勝てるようになった！
●負け続きだった株式投資歴40年の79歳でも、1カ月で1000万円以上の利益を得ることに成功！
●株式投資経験ゼロ、パート勤めの主婦でも根拠を持ったトレードを習得して、投資仲間もできた！

おわりに

ここまで私が相場で実践してきたノウハウと、それを実践してきたミリオネア投資家クラブの生徒の人生がどのように変わったかをお伝えしてきました。

再三ですが、私は株式のトレードで勝てるか勝てないか、**特に1億円を達成するまでは「スキル次第」**だと考えています。だからこそ、シンプルな手法を身につけ、それを深く理解して実践すれば誰もが勝てると考えています。

高沢式トレード手法は、たとえ外部環境によって大暴落や大暴動が起きたとしても、基本的には関係なくリスクを最小限に抑えながらコンスタントに利益を上げていける手法だと思っていますし、私自身も今後ずっと活用していけるものだという自信があります。

ただ「そこまでのノウハウなのであれば、誰にも教えずに一人で稼ぎ続ければいいんじゃないの」と思う方がいるかもしれません。

資産が億を超えることで、長年の夢を叶えたり、家族と念願の海外旅行に行けたりするなど、貧乏時代にできなかったことができるようになった、という喜びはもちろんありました。ただ、そのためだけに自分の手法を非公開にするよりも、会社員時代から強く私の心に根ざしていた**「人の役に立ちたい、人のために何かをしたい」**という思いをやっと多くの人に向けて実現できる環境にある、という気持ちのほうが強いのです。

そうしたこともあり、投資に悩める個人投資家の経済的自由を、私がこれまで培ってきたノウハウを教えることでお手伝いしたい、一人でも多くの方にトレードを楽しんで利益を得てほしいという考えに至るようになりました。

「私だけでなくみんなで一緒に勝ち上がっていく」ということが、今の私にとっては一番の喜びなのです。

そのためにも生徒がつまずくことのないように、自分の培ってきたトレード手法を非常にシンプルかつ実践的な形に落とし込めている自負はありますし、実際にクラブで学んでいる生徒の平均トレード勝率が7割を超えているという実績もあります。

「私自身も成長している」と最初にお伝えした通り、ミリオネア投資家クラブで皆さんにお伝えする教材や、リアルセミナーの内容も日々進化を遂げていますし、高沢式トレード手法をより良い形で生徒さんに学んでもらえるように、日々改善を続けています。

そうした努力もあってか、ありがたいことに、ミリオネア投資家クラブの募集時に2時間で募集枠が満席になったということもあり、諸事情で参加できなかった人や、前回の書籍である「億トレ投資法」の書籍読者、セミナー受講者などから「次回クラブの募集があるなら是非参加したい」という旨のメッセージを日々いただいています。

本書では高沢式トレード手法の根幹の部分をお伝えしてきましたが、やはりページの都合もあり書ききれなかった内容も多くあります。

もし本書を読んで「高沢式トレード手法をもっと深く知りたい」「より短期間でしっかりとしたスキルとして身につけたい」という方で、ミリオネア投資家クラブに興味のある場合は、「高沢健太公式ＬＩＮＥ」に登録しておいてください。

ＬＩＮＥに登録いただければ、第5章でご紹介した値幅トレーニングツールや、高沢式トレード手法で使用するテクニカル指標のパラメーターをもれなくプレゼントさせていただきます。

クラブでは本書で書ききれなかったコアな内容について、動画でわかりやすく解説しています。オンライン動画の授業だけでなくリアルセミナーや、全国のクラブ生が主催の勉強会や、サポート、最新の情報やノウハウなどのアップデートなど、私が現役トレーダーだからこそ、実践的かつタイムリーな情報も伝えることができます。

延べ１５００人以上のクラブ生を指導し、成功に導いたノウハウ・経験が凝縮した、限りなく低リスクで高い勝率を生み出す高沢式トレード手法を学んでみてください。

高沢健太
プロフィール

株式会社IWS代表取締役
一般社団法人 マネーアカデミー(お金の学校)
認定講師
ファイナンシャルプランナー

2016年10月、トレード開始時の運用資金100万円から、わずか1年5カ月で1億3000万円以上の利益を得た、株式投資のエキスパート。投資に悩める個人投資家の経済的自由を応援するため、自身のトレード集大成である株式投資コミュニティ「ミリオネア投資家クラブ」を設立。

高沢講師の元で学んだ生徒の平均トレード勝率は驚異の7割を超える。2019年7月募集のクラブは募集開始2時間で満員、2019年9月に開催した「億トレ合宿」はわずか1分で募集枠が埋まるほど人気を得ている。独自の理論や、経験に基づく実践的な手法と熱心な指導は定評があり、全国にファンも数多い。

これまでにない斬新かつ圧倒的なトレード手法から、メディアからも大きく注目され、新聞や雑誌、ラジオやテレビ、Yahoo! ニュースでもとりあげられる。2018年10月に出版した「値幅名人 高沢健太の億トレ投資法」(小社刊)は投資ジャンルとしては異例の10万部以上のベストセラーを記録。

現在は日本経済を活性化させるために、子供たちへの投資教育にも力を入れており、現在、最も多忙なトレーダー兼講師として日々「利他の精神」で活動中。座右の銘は「努力は運を支配する」

公式ホームページ:https://takazawakenta.com/
公式ツイッター:@king_0358

監修／一般社団法人 マネーアカデミー（お金の学校）
DTP＆本文デザイン／佐藤修
装丁／冨澤 崇（EBranch）
校正協力／伊能朋子・中竹優歩・あきやま貴子
編集／小田実紀

究極の億トレ投資法 完全版

初版１刷発行 ● 2020年９月23日

著者
高沢《たかざわ》 健太《けんた》
発行者
小田 実紀
発行所
株式会社Clover出版
〒162-0843 東京都新宿区市谷田町3-6 THE GATE ICHIGAYA 10階
Tel.03(6279)1912 Fax.03(6279)1913 http://cloverpub.jp

印刷所
日経印刷株式会社

ISBN978-4-908033-92-6 C0033